天然气产业链协同优化
研究与应用

TIANRANQI CHANYELIAN XIETONG YOUHUA
YANJIU YU YINGYONG

◆ 李宝军　何润民　马祖军　周　建　等著

石油工业出版社

内容提要

本书基于天然气产业链协调发展模式和协同优化相关理论，构建了天然气产业链协同优化模型，设计了有效的求解算法，在此基础上以川渝地区为例分析了天然气产业链协同优化条件和优化方案。

本书可供天然气运营管理人员及石油院校相关专业师生阅读参考。

图书在版编目（CIP）数据

天然气产业链协同优化研究与应用 / 李宝军等著 .—北京：石油工业出版社，2020.8
ISBN 978-7-5183-3511-4

Ⅰ.①天… Ⅱ.①李… Ⅲ.①天然气工业－产业链－研究－中国 Ⅳ.①F426.22

中国版本图书馆 CIP 数据核字（2020）第 052278 号

出版发行：石油工业出版社
（北京安定门外安华里 2 区 1 号　100011）
　网　　址：www.petropub.com
　编辑部：（010）64523710
　图书营销中心：（010）64523633
经　销：全国新华书店
印　刷：北京中石油彩色印刷有限责任公司

2020 年 8 月第 1 版　2020 年 8 月第 1 次印刷
710×1000 毫米　开本：1/16　印张：13.5
字数：150 千字

定价：86.00 元
（如出现印装质量问题，我社图书营销中心负责调换）
版权所有，翻印必究

《天然气产业链协同优化研究与应用》编委会

主　　编：李宝军

副 主 编：何润民　　马祖军　　周　建

编写人员：贺志明　　朱力洋　　何春蕾　　王富平
　　　　　段言志　　李　海　　付建华　　杨　斐
　　　　　邹晓琴　　杜　波　　郑晓春　　高久生
　　　　　李　军　　任　伟　　张锦涛　　刘夏兰
　　　　　熊　伟　　周　娟　　高　芸　　蒋　龙
　　　　　李森圣　　曹　强　　辜　穗　　谢雯娟
　　　　　李孜孜　　谭　琦　　李映霏　　梅　琦
　　　　　任雨涵　　杨　蕾　　王　莅　　张建平
　　　　　吴杨洁　　邹　银　　王智雄　　黄　放
　　　　　伍泉霖　　王文婧　　郭杰一　　杨利平
　　　　　张男楠　　王　峰　　刘卓旻　　刘　昱
　　　　　杜　燕　　古　西　　方　峦　　唐紫涵
　　　　　邹　曦

前　言

天然气是优质高效、绿色清洁的低碳能源。加快天然气开发利用，促进协调稳定发展，是我国推进能源生产和消费革命，构建清洁低碳、安全高效的现代能源体系的重要路径。当前我国天然气产供储销体系还不完备，产业发展不平衡不充分问题较为突出，主要是国内产量增速低于消费增速，进口多元化有待加强，消费结构不尽合理，基础设施存在短板，储气能力严重不足，互联互通程度不够，市场化价格机制未充分形成，应急保障机制不完善，设施建设运营存在安全风险等。为此，2018年9月5日国务院印发了《关于促进天然气协调稳定发展的若干意见》（国发〔2018〕31号），明确提出要促进天然气产业上游、中游和下游（后简称上中下游）协调发展，构建供应立足国内、进口来源多元、管网布局完善、储气调峰配套、用气结构合理、运行安全可靠的天然气产供储销体系，这不仅事关天然气供应安全、产销平衡和供应效率，也关系到油气企业经济效益和长远发展，对区域经济社会发展具有重大意义。

川渝地区是我国核心气区之一，经过60多年的勘探开发，逐步形成了"环形骨干管道+网状支线管道"的管网格局，覆盖四川盆地内各用气区域，气源和市场相互交织、紧密结合，成为国内最成熟的天然气利用市场。川渝地区既有丰富的天然气资源，又有成熟的市场；完善的管网有机衔接两端，天然气的产、运、销环节已融为一个有机整体，密不可分。鉴于天然气不易存储，运输方式单一，生产和消费相互依赖、相互制约的特点，根据四川盆地天然气开发利用的经验，只有上中下游实现联动和及时响应，才能有效地满足气田生产和市场消费需求。因此，天然气产业链协调发展是川渝地区实现天然气开发利用效益最大、效率最优的生产经营模式。

本书基于天然气产业链协调发展模式和协同优化相关理论，构建了天然气产业链协同优化模型，设计了有效的求解算法，在此基础上以川渝地区为例分析了天然气产业链协同优化条件和优化方案，以期为川渝地区天然气产业链协调发展提供指导和决策参考。全书包括以下六个部分。

（1）天然气产业链协调发展概述。主要包括两部分内容：天然气产业链的概念及特征；天然气产业链协调发展理念及相关研究现状。

（2）天然气产业链协同优化理论基础。主要从需求预测理论、市场营销理论、物流与供应链管理理论、天然气市场供应面流动性理论、天然气管网优化调度理论、天然气产业链一体化发展理论等6个方面进行了阐述。

（3）天然气产业链协同优化建模及求解。主要分析了4个方面内容：天然气产业链协同优化问题概述；天然气产业链协同优化网络拓扑结构分析，包括网络拓扑结构要素分析、协同优化主控因素分析和天然气产业链协同优化网络拓扑结构模型；天然气产业链协同优化模型，包括问题描述、符号定义、数学模型和模型转化；天然气产业链协同优化模型求解，包括求解方法介绍、模型求解和算例分析。

（4）天然气产业链协同优化条件分析——以川渝地区为

例。主要包括 7 部分内容：四川盆地油气勘探开发现状；川渝地区天然气产业链现状，包括川渝地区天然气产业链现状及产业链发展形势；天然气供应预测；天然气需求预测；管网输配能力分析；储备库调峰能力分析；天然气产需匹配分析，包括川渝地区天然气产需结构匹配和管网流量预估。

（5）天然气产业链协同优化方案分析——以川渝地区为例。主要包括 4 部分内容：天然气管道投资备选方案设计，包括复线可选方案和规划可选方案；天然气产业链协同优化条件，包括生产和外部气源下载成本、管输定价与运行维护成本、调峰成本及其他参数、销售价格和优化方案计划期；天然气产业链协同优化方案，包括管网投资方案、生产方案、销售方案、年度管输方案、储气库调峰方案和按季节汇总调峰和管输调配情况；参数敏感性分析，包括管道投资方案参数、外输气多元化、外输气参数和管输成本等参数。

（6）结论与建议。根据天然气供需状况预测数据和天然气干线管网数据，提出基于产运储销协同优化的管网投资、气源生产、管网运输、储气库储备和门站销售的具体方案，以及推进天然气产业链协同优化的相关建议。

本书得以成稿，与前人在天然气产业链协调发展方面的相关研究成果密不可分，所引用主要参考文献列于书后，对他们表示感谢！同时，本书是在研究团队的辛勤付出下编撰而成，在编写过程中得到了领导、专家和同事的多方支持，在此表示衷心的感谢！尤其感谢姜子昂在天然气产业链协同优化研究中倾注了大量心血！由于编者水平有限，如有不妥之处，请业内外读者批评指正。

目　　录

第一章　天然气产业链协调发展概述 ……………………… 1
第一节　天然气产业链的概念及特征 ……………………… 1
第二节　天然气产业链协调发展理念及相关研究现状 ……… 11

第二章　天然气产业链协同优化理论基础 ………………… 26
第一节　需求预测理论 ……………………………………… 26
第二节　市场营销理论 ……………………………………… 29
第三节　物流与供应链管理理论 …………………………… 33
第四节　天然气市场供应面流动性理论 …………………… 42
第五节　天然气管网优化调配理论 ………………………… 45
第六节　天然气产业链一体化协同发展理论 ……………… 54

第三章　天然气产业链协同优化建模及求解 ……………… 62
第一节　天然气产业链协同优化问题概述 ………………… 62
第二节　天然气产业链协同优化网络拓扑结构分析 ……… 66
第三节　天然气产业链协同优化模型 ……………………… 77
第四节　天然气产业链协同优化模型求解 ………………… 90

第四章　天然气产业链协同优化条件分析——以川渝地区为例 …………………………………………………… 107
第一节　四川盆地油气勘探开发现状 ……………………… 107
第二节　川渝地区天然气产业链现状及发展趋势 ………… 114

第三节　天然气供应预测……………………………………123
第四节　天然气市场需求……………………………………128
第五节　管网输配能力分析…………………………………130
第六节　储气库调峰能力分析………………………………132
第七节　天然气产需匹配分析………………………………133

第五章　天然气产业链协同优化方案分析——以川渝地区为例……………………………………………………138
第一节　天然气管道投资备选方案设计……………………138
第二节　天然气产业链协同优化参数设定…………………146
第三节　天然气产业链协同优化方案………………………152
第四节　参数敏感性分析……………………………………178

第六章　结论与建议……………………………………………187
第一节　结论…………………………………………………188
第二节　建议…………………………………………………197

参考文献……………………………………………………………201

第一章 天然气产业链协调发展概述

在城市人口持续增长、天然气管网设施日趋完善、分布式能源系统快速发展以及环境污染治理等利好下，当前我国天然气产业正处于黄金发展期。天然气产业发展的显著特点是上游气田勘探开发、中游输气管线建设运营和下游天然气销售利用之间要形成非常紧密的产业链，必须一体化同步建设，良性互动，协调发展。只有建立完整的天然气产业链体系，才能保持整个产业的稳定、健康和可持续发展。因此，天然气开发应该遵循上中下游一体化协调发展的原则，进行全局性的系统优化，不仅要尽可能地提高各产业环节的效率和效益，还要努力协调各环节之间的关系，突出整个天然气产业系统整体的效率和效益。

第一节 天然气产业链的概念及特征

一、天然气产业链的概念

天然气产业链是指以天然气及其副产品的产出、输送或消费作为纽带所形成的上游、中游、下游关联衔接的产业集合。天然气产业链有效整合了天然气及其副产品的产出、输送或消费等从上游到下游的一系列产业环境。天然气产业链环节众多，相关联的行业数量众多，相互关系交错复杂。天然气勘探、开发统称为天然气产业链的上游；天然气管道建设、储运称为天然气产业链的中游；天然气消费利用统称为天然气产业链的下游。

天然气产业链根据盈利模式的不同，可以分为三类（图1-1）：

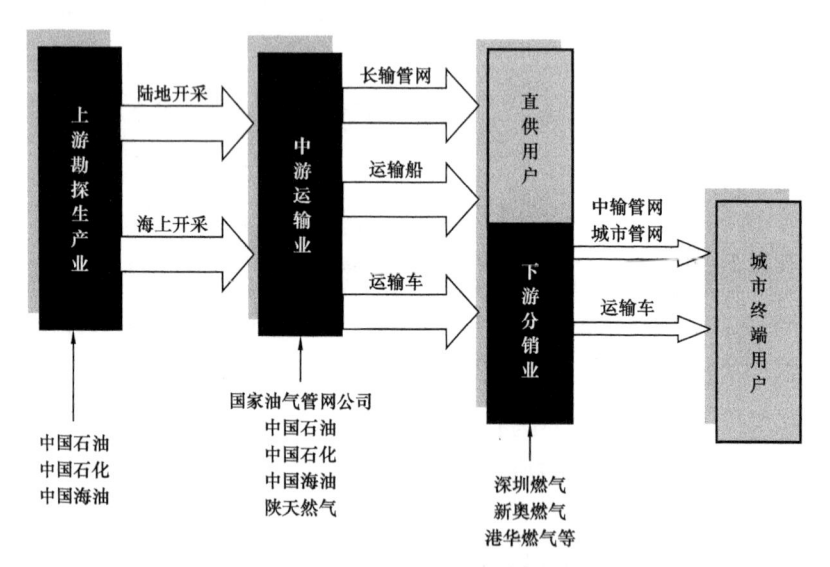

图1-1 天然气产业链结构

（1）上游勘探生产业：主要是指对天然气进行勘探和开采。我国的天然气资源集中垄断于中国石油、中国石化和中国海油三家国有公司。

（2）中游运输业：包括通过长输管网、液化天然气（Liquefied Natural Gas，LNG）运输船和运输车、压缩天然气

（Compressed Natural Gas，CNG）运输车等。我国的天然气中游也呈现垄断性，由国家油气管网公司、中国石油、中国石化、中国海油和陕天然气所有。

（3）下游利用行业：在通过中游输运将上游天然气输送后，一部分直接供给了直供用户，另外一部分通过下游分销商，通过其自建的中输管网、城市管网和运输车等对城市终端用户进行销售。城市燃气市场化程度较高，国有企业、民营企业、外资企业等都占有一定市场份额，其中上市公司主要集中于香港，如新奥能源、港华燃气、深圳燃气等。

根据《国民经济行业分类》（GB/T 4754—2017），按行业门类、行业大类、行业中类、行业小类进行的分类，天然气勘探、开发涉及B07行业大类的071、079行业中类（统称为天然气产业链的上游），天然气管道建设、管道运输、LNG运输分别涉及E47、F56和F54行业大类的472、560和542行业中类（统称为天然气产业链的中游），而天然气利用又涉及不同的行业中类（统称为天然气产业链的下游），如天然气化工涉及C26行业大类的261、262等行业中类，天然气发电、燃气分别涉及D44、D45行业大类441、450行业中类，具体见表1-1。

二、天然气产业链的基本特征

（一）天然气产业链的总体特殊性

天然气工业和消费市场具有区别于一般能源工业和市场的特殊性，主要表现在以下三个方面：

表1-1 天然气产业链在国民经济行业分类中的分布

所属环节	大类	中类	小类	类别名称	说明	备注
天然气产业链的上游	B07	071	0710	天然原油和天然气开采	指在陆地或海洋,对天然原油、液态或气态天然气的开采,对煤矿瓦斯气(煤层气)的开采,为运输目的所进行的天然气液化和从天然气田气体中生产液化烃的活动。还包括对含沥青的页岩或油母页岩矿的开采,以及对焦油砂矿进行的同类作业	天然气勘探
	B07	079	0790	与石油和天然气开采有关的服务活动	指为石油和天然气开采提供的服务活动	天然气开采
天然气产业链的中游	E47	472	4723	工矿工程建筑	指除厂房外的矿山和工厂生产设施、设备的施工和安装,以及海洋石油平台的施工	天然气管道建设
	F56	560	5600	管道运输业	指通过管道对气体、液体等的运输活动	管道运输
	F54	542		水上货物运输		LNG运输
天然气产业链的下游	C26	261		基础化学原料制造		天然气化工
	C26	262		肥料制造		
	D44	441	4411	火力发电	指利用煤炭、石油、天然气等燃料燃烧产生的热能,通过火电动力装置转换成电能的生产活动	天然气发电

续表

所属环节	大类	中类	小类	类别名称	说明	备注
天然气产业链的下游	D45	450	4500	燃气生产和供应业	指利用煤炭、油、燃气等能源生产燃气，或外购液化石油气、天然气等燃气，并进行输配，向用户销售燃气的活动，以及对煤气、液化石油气、天然气输配及使用过程中的维修和管理活动。但不包括专门从事罐装液化石油气零售业务的活动	燃气

（1）天然气是稀缺的不可再生的自然资源，也是一种重要的战略能源。天然气能源的推广与应用，关系到国家能源消费结构的调整和国家的能源安全。未来替代能源或许将取代化石能源，但在那个时间到来之前，既要发展经济，又要应对气候变化，进行环境保护，使用天然气是最好的选择。天然气是最清洁的化石能源，相同发电量下，排放的二氧化碳只有煤炭的50%，比石油也少30%。天然气也拥有可再生能源不具备的优势，风能、光能具有天生的不稳定性，而天然气发电厂是提供必需电量的理想选择。

（2）天然气的运输方式具有较强的垄断性，限制了天然气市场的开发范围和开发速度。管道运输是天然气陆上运输的最主要途径，LNG是跨洋运输的主要方式，且气化后的天然气到岸运输仍然要依托管网。天然气的储存能力主要由输气管道存储能力和储气库容量这两个容量空间构成。天然气的运输和存储方式都存在容量上的限制，而天然气的管道要受到空间地理位置上的限制，因此天然气的运输与生产环节表现出了与其他资源产品较大的差异性。

（3）天然气供需矛盾突出，为了缓解国内天然气供应不足，进口 LNG 量正在不断增多。天然气的供给与需求都缺乏弹性，天然气的勘探和开发是一个循序渐进的过程，天然气供给的增加不仅需要有资源条件的保证，还需要相应的技术支持，并且气田天然气生产能力的调整需要大量的资金保证。同时，供气也受到管道布局的限制。因此，天然气供应的弹性很小，不能像其他商品一样及时对市场上的供求变化做出反应。另外，天然气市场的终端用户构成复杂，其中既包括大工业用户也包括商业用户和城市居民用户，在这些终端消费者中，大部分工业用户使用替代能源的转换成本都较高。此外，其他能源用户转换成天然气消费用户的转换成本也较高。因此，天然气市场的工业类型消费群体和消费量及其增长量都相对稳定，市场需求的波动也较小。2019 年，中国已成为世界上最大的天然气进口国，2018 年中国天然气表观消费量为 3067 亿立方米，同比增长 9.4%；天然气进口量为 1430 亿立方米，增速 14%；天然气对外依存度将进一步增至 46.4%。

天然气产业的上述特殊性决定了与其他能源产业相比，天然气产业链的发展不仅要依据市场价值规律，还需要政府的介入，参与天然气基础设施建设、对行业的垄断利润进行调整，鼓励和促进天然气的消费。

（二）上游勘探生产环节的高风险性和较长周期性

（1）天然气勘探风险性与不确定性是人们认识局限性的体现。

某地下有无天然气资源是难以确定事件。探井井位及目的层一旦确定，成功的钻探工程之后能否有所发现是确定事件，而非"随机事件"。所以，天然气勘探的"不确定性"实际上是人们对地下资源认识的局限性。这种"不确定性"体现为理论、方法和技术手段上的局限，以及由此产生的信息采集、分析、决策中的不足与失误。

（2）天然气勘探环节的较长周期性增加了这种风险与不确定性。

与其他能源（例如煤）勘探环节的周期相比，天然气勘探周期相对较长，一般长达5~10年。较长周期中，未来相当长时期的技术经济不确定性带来较大的风险，由此评价勘探环节项目经济效益相对困难。由于工作对象高度分散、技术经济不确定性、较长建设周期性，在一定程度上增加了天然气勘探开发的风险性和不确定性。

（3）给定单元产量的自然递减性与给定单元生产成本的自然递增性。

给定单元（气田、井）的产量在不进行增产作业的条件下随连续生产时间而递减。有三种主要产量—时间递减曲线：指数（常百分数）递减曲线、双曲线递减曲线和调和递减曲线（双曲线递减情况的特殊情况）。其中指数（常百分数）递减曲线在天然气生产企业生产实践中最为常用。给定单元

（气田、井）的生产成本在技术与管理水平基本不变的条件下，经过投产后的上产和稳产阶段后，随连续生产时间而递增。生产成本的自然递增性不仅源于经济学的基本规律——边际收益递减规律，也源于油气采掘业的特殊规律。

（三）天然气产业链中游输配领域的自然垄断性及其对于下游的影响性

依据微观经济学的观点，如进退一个行业的市场有障碍，则该行业的竞争就会受到限制。如进入市场的障碍高不可越，任何其他潜在参与者都无法进入市场，就形成了垄断市场。阻挡进入市场的任何障碍叫作壁垒，与天然气产业链中游输配领域的自然垄断性相关的主要是技术性壁垒和法律壁垒。

（1）技术性壁垒。

如果除了垄断者之外别无他人掌握某种生产技术或诀窍，该市场自然会成为垄断市场。经济学研究最多的技术性壁垒就是规模经济。这种技术呈规模报酬递增，即在一定的产量区间范围内，在任意产出水平上，只要增加投入就可获得更大的产出，只要增加产出就可降低成本。天然气管道输配技术就具有这种特性，而且投资巨大。在这种技术条件下，新进入市场的企业无法与已存在的企业竞争，多个企业会自然地被淘汰，市场只能维持一个企业。这种技术性垄断又称自然垄断，其存在根源在于其特有的经济特性——规模经济。

（2）法律壁垒。

有些独家经营的特权由法律规定并受法律保护。天然气供应，一般都是通过相关企业的投标竞争，最终由政府以合同的形式授予中标企业特许经营权。但是随着西三线的股份制和新疆伊犁石油公司天然气管道的建设，这种法律壁垒已在逐渐消失。

（3）天然气输配管道的单一性。

为避免资源浪费，政府一般禁止重复投资、重复建设，所以一般只有一条单行输配管道或只有一个输气企业或配气企业来运营天然气输配管道。这样就会形成了中游天然气管网系统的相对垄断。

天然气输配技术的规模经济属性构成了中下游领域的技术性壁垒，再加上政府授予的特许经营权所形成的法律壁垒，使得进入输配领域存在非常大的障碍。天然气中游运输行业是资本密集型行业，管道及其附属设备等固定资产投入较大，且投资回收期长，这对进入行业的企业资金要求较高，而且天然气企业在经营时存在大量的沉没成本。进入的高障碍和退出的高成本形成较大的风险，只有具备雄厚的技术力量和资金来源的企业才有实力进入中游管道输送领域。这自然而然地限制了这个领域的竞争程度。而天然气输配管道的单一性本身就在很大程度上决定了天然气产业链中游的自然垄断性。

（4）管道网络建设影响天然气市场划分。

天然气市场的发育依赖于管道建设和布局，下游市场往往被独立的管道自然分成区域性市场。当主干输气管道形成全国性网络，天然气的市场就会相应形成全国性市场。但管道建设与政府的规制政策密切相关，拥有发达的全国性网络的国家才有可能建立全国性有效竞争市场。

（5）天然气运储设施建设投资高、周期长。

天然气中游产业的发展需要大量的前期基础设施投资，如管道和配气网络、储气系统建设都需要巨大投入，建设周期也比较长。天然气中游建设阶段的需求在初期只是表现为"潜在需求"，输配系统建成后才逐步变为"现实需求"和"有效需求"。故在输配系统建成初期，其利用程度通常达不到设计负荷；后期市场发展后，又往往满足不了需求。因此，合理规划市场开发是天然气产业发展的客观要求。

（四）天然气产业链产、输、配、销环节在物理实体上的一体性、物联化

用户当前使用的天然气就是若干小时（或天或月）以前天然气生产企业开采出来的、经管道密闭输送至用户的产品，用户使用得多，生产就多，反之亦然，除非输配环节上有足够的储气设施。天然气从生产井口出来，经过集输、净化处理、管道运输，再进入千家万户，体现出了天然气这种物质的各个环节的物联化。任何产业链一般都具有一体性，即必须与其他相关产业共生、共存的这种"一体性"。可以表现为资金的借贷和偿付、产成品的供应与销售、技术知识的吸纳与分享、协作关系的建立、合同契约的签订等。物理实体上的一体性或物联性以油气和电力行业为甚。电力行业在物理实体上的一体性甚至超过油气行业，但它生产和输送的是能源却不是物质，而油气行业产业链上同样具有物联性：

（1）产销量的自然平衡状态不等于已经达到供需均衡状态，前者（忽略损耗和计量差）是必然的、绝对的，后者却是相对的，供需平衡才能更好促进行业发展。

（2）天然气产业链的"一体性、物联化"要求产业各环节均衡协调发展，而勘探、开发、生产、输配环节的较长周期性可能会增加这种不协调性。

（3）产地和市场的变化将导致各环节设备（施）利用率降低甚至投资沉淀，勘探、开发、生产、输配环节设备（施）很难长期维持理论上的较高利用率。

总之，天然气产业链的上述基本特征决定了该产业链各环节只能在协调中求发展，"单兵突进"往往事与愿违，产业整体升级才能更好地发挥出天然气这种清洁能源的优质性。

第二节　天然气产业链协调发展理念及相关研究现状

鉴于天然气不易存储，运输方式单一，生产和消费相互依赖、相互制约的特点，天然气产业链上中下游实现联动和及时响应，才能有效满足气田生产和市场消费需求。因此，采用产运销一体化运作方式，是实现天然气开发利用效益最大、效率最优的生产经营模式。

一、天然气产业链协调发展理念

天然气产业的突出特点是上游气田资源勘探开发、中游输气管网建设运营储运配送和下游天然气市场销售利用之间要形成"牵一发而动全身"的产业链，上中下游齐头并进、相互协调。针对天然气领域存在的深层次矛盾和问题，只有在天然气产业链协同的基础上健全完备的产业链体系，才能使得天然气产业真正安全、平稳和可持续发展。2018年9月5日国务院印发了《关于促进天然气协调稳定发展的若干意见》（国发〔2018〕31号），明确提出要促进天然气产业上中下游协调发展，突出了天然气发展中的协调与稳定——上中下游产业链"产供储销贸"各个环节的协调，上下游联动机制的协调和中央、地方与企业三者的协调，同时强调了运行安全稳定与价格稳定。

当前，世界性的天然气产业链协同进程应遵循上中下游一体化协调发展的总基调，努力进行全系统性优化，不但要提高各环节的效率效益，而且还要协调好发展好各环节之间的能动关系，推进产业整体跨越式发展。实施天然气产业链协调发展就是要在天然气的产业链与价值链领域，以资源勘探开发、储运配送和市场利用等相关企业为基础，以低价高效运行为手段，以整体效益最大化为目标，以现代企业制度为保障，整合建立一个囊括上中下游的天然气企业集团，实现企业由生产型向经营型转变。

二、天然气产业链协调发展动因

天然气产业链包括从天然气勘探开发、管道运输到天然气化工和销售等一系列流程，具有较长且繁复的产业链。天然气产业与石油产业存在很大差异，集中体现在整个产业链上中下游具有较强的协调性和系统性。天然气产业链协调发展必须遵循"木桶理论"，即产业链能力大小主要是由上中下游的能力决定，三个环节密切相关，必须全面持续的协调，否则产业链各个环节的不协调会造成"混沌"或"蝴蝶效应"。

（一）上游

勘探和开发天然气是气田生产企业的职责，并为下游使用提供资源。为保证天然气产业可持续健康发展，必须依靠稳定的资源供应。气田稳定产销的重要性是由天然气生产的特殊性决定的。为保证供气的稳定性，首先，气田生产企业必须积极勘探和开发气田，形成较大规模的气区，规划好各方面，及时找好接替资源；其次，必须针对性地协调下游市场需求，合理规划生产销售方案，形成集气田、管网、用户参与为一体的立体调峰体系，不断满足市场供应需求。保证用户结构的科学性，一方面能为气田生产企业创造良好的收益，另一方面能保障各类用户在调峰期间的用气需求。

（二）中游

连接气田和市场的途径是天然气管网，其建设需要较大的投资和较长的时间周期。其总体效益是由资源和市场共同决定的，因而必须结合气田开发规模建设管道，否则不利于管输企业的经济效益，或者难以满足开发和市场的需求。另外，天然气管网调峰能力较为突出，天然气储运企业相互协调发展，提升管网相互协调的能力，实现管网高效运行，有利于合理利用和高效配置天然气资源。

（三）下游

天然气市场存在较多的特点。首先，用户用气需求必须稳定持久，其次用户需求呈现峰谷性波动。另外，天然气需求可能受外界突发事件的干扰。用气结构的合理化是实现健康发展天然气产业的基础和前提。所以，"一体性"要求天然气产业链必须实现均衡、协调、统一地发展各个环节。只有协调发展天然气产业链上中下游，才能实现其供需均衡。天然气可持续发展必须要求天然气产业链的高效运行、良好的经济效益和稳定性同步发展。

三、天然气产业链协调发展相关研究现状

（一）天然气产业链研究现状

天然气产业链这一概念的提出是在产业链基本理论研究取得了一定成果的基础上，随着产业链概念被越来越频繁地使用，有学者将产业链理论与天然气产业理论相结合而提出的。

1. 国外研究现状

随着天然气产业链上中下游的整合进一步加强，国际天然气产业链处于快速发展中。由于天然气产业链自身的特点，国际天然气产业链演变的过程中呈现出明显的区域性。北美

地区竞争性的天然气产业链处于发展成熟阶段；欧洲地区垄断性的天然气产业链也处于发展成熟阶段；亚太地区垄断性的天然气产业链属于快速发展阶段。各区域之间天然气产业链的整合和影响也逐步加强，促使国际天然气产业链协调发展。

根据天然气资源储量、产业发展程度和市场需求情况，全球天然气产业链大体可分为三种模式：传统垄断型、有限竞争型、完全竞争型。

（1）传统垄断型模式是指该国处于天然气产业发展初期，天然气开采设施、储备库、输气管线等基础设施投资巨大。特别是输气管线方面，国家为了鼓励企业参与管网建设，并保证投资能得到合理回报，政府将天然气上、下游市场交由国家垄断性的公司经营，向客户提供一体化的配套服务，签订长期供气合同，价格通常与竞争性燃料价格挂钩，受政府管理部门监管。全球大部分国家均采用此类模式。

（2）有限竞争型模式是指在一个区域市场（或子市场）允许有两个或两个以上的天然气管输公司经营，通过管道建设争夺工业、电厂和城市配气公司市场。这样的模式仅在德国使用。德国是世界上重要的天然气消费和进口国，天然气消费量和进口量分别在全球排名第四和第二位，同时德国也是欧洲大陆最重要的天然气中转国，共有七家大型输气公司控制着德国的所有高压长输管道，它们利用自己的干线管道优势不断拓展城市低压管网发展终端用户，德国政府也鼓励企业建设多条管线进入城市自由竞争。当然大量的管网建设与德国独特的地理位置和经济基础是密不可分的。

（3）完全竞争型模式是指由政府指定第三方进入天然气管道运输领域，将天然气产业链的产、供、销完全剥离。天然气管输公司只能从事天然气管输业务，并收取政府额定的管输费用，禁止对天然气托运方有任何经营性歧视。天然气价格根据市场规律由销售企业自主定价，代表国家有美国和英国。

西方国家天然气行业通过几十年的运行和积累，逐渐摸索出行之有效的天然气产业管理模式。欧洲学者通过对欧洲各国的天然气产业进程进行分析，指出天然气供给、需求量的增长以及运输阶段的竞争削弱了欧洲传统天然气产业的垄断格局，传统的纵向一体化模式已经不再适用，应当建立竞争的天然气市场，并且提出欧盟应当注意对天然气产业监管和管输费率制定的问题。同时许多学者通过对美国天然气管道公开准入政策的分析，摸索建立天然气运输定价模型，测算中间运输商的最优价格水平和运输量，并指出消除天然气运输中的垄断势力才是提高天然气市场活力的唯一途径。

对于天然气产业链的研究，主要分为以下几类：

（1）天然气产业链发展历程研究方面，Gabriele（2004）通过分析发展中国家的天然气市场状况，对发展中国家天然气产业链的发展历程进行梳理，指出对于发展中国家来说，在当前私有化模式现状条件下引入竞争机制（即放开天然气市场的准入条件），能够有效地提高天然气产业的市场效率。Mathias 和 Szklo（2007）对巴西自1995年始的天然气产业改革历程、改革后的成果以及变革中遇到的阻力等进行详尽梳理。研究表明，改革过程中未能建立现货市场、管网不健全以及国有公司的市场势力过于强大等问题，阻碍了巴西天然气产业升级的进程。

（2）天然气产业竞争力和市场效率研究方面，Biggar（2000）指出，实施的监管制度、结构性政策改革、处于同一生产阶段公司间的合并等因素对天然气产业竞争力都会产生影响，对于OECD（经济合作与发展组织，简称"经合组织"）国家而言，增强天然气产业竞争力最根本的问题就是在天然气生产和天然气销售市场中确保其竞争力水平。Cavaliere（2003）认为欧洲天然气产业有效竞争的缺乏主要是由于不完全自由化的实行、影响网络容量和储存设施的瓶颈等因素所致，因此需要采取补充性的措施来发展天然气产业竞争力，比如天然气开采项目和中央集权的天然气交换现货市场的创立。Ana等（2009）认为竞争力的发展主要取决于成熟的市场、天然气运输监管、配送和储存活动、开放的存取制度和信息透明化等因素，并由此提出一种方法，旨在不使用强制措施的情况下促进巴西天然气产业竞争力的发展。Cremer和Laffont（2002）则对美国竞争性天然气市场的效率进行研究，建立了天然气运输定价模型，并运用到竞争性的市场中。该模型不仅能够测算出大然气运输商的最优价格水平及最优天然气运输量，同时可以削弱天然气运输中的垄断势力。

（3）天然气产业链升级研究方面，Von Hirschhausen和Neumann（2008）主要研究多个国家天然气产业链升级对天然气基础设施建设、投资和天然气供给安全等方面影响。通过多个国家20年内天然气产业链升级实例进行分析，得出天然气产业链升级会加大企业对天然气基础设施投资。Murry和Zhu（2008）研究表明，在天然气市场定价的情况下，由于受到买方或卖方势力的影响，不同的天然气交易中心的现货价格有所不同。此外，Grønhaug和Christiansen（2009）为LNG国际贸易的供应链保障提出了优化措施。Weijermars（2010）立足于天然气产业的价值链分析，主要从美国的监管体制和欧洲的成功经验中总结学习。

（4）天然气产业链风险研究方面，国外学者对天然气产业链整体风险的研究比较少，而主要针对天然气产业链上中下游的不同环节的风险研究。例如，Jo和Ahn（2005）对中游天然气管道风险进行了定量分析。Shahriar等（2012）利用模糊蝴蝶结方法（fuzzy bow-tie）分析了油气输气管道泄漏风险进行了评价；Lavasani等（2011）利用模糊层次分析法对近海油气井泄漏风险进行了评价。Al-Harthy（2007）提出了一种油气投资的不确定性评估的Copulas方法，应用于油藏因素的依赖型分析。而Roisenberg等（2009）提出了用模糊概率代表油气开发勘探地质不确定的新方法，称为RCSUEX，其主要目的是在给定预期下，提供一种方法来系统化正确估计开发地质风险。

2. 国内研究现状

中国天然气产业链在国际天然气产业链的影响下处于快

速发展中，同时也面临着与国际天然气产业链的融合及价格改革的挑战。国内有关产业链及产业链协调发展的代表性研究主要分为以下几类：

（1）天然气产业链协调发展研究方面，白兰君（2005）较详尽地分析了我国天然气产业链各环节之间的关系，提出要从思想认识、投入产出、分析方法和建设运行四个方面对我国天然气产业链进行升级，并对"木桶理论"在天然气产业链协调发展过程中的适用性进行了验证。张伟（2013）将天然气产业链上、中、下游比喻为"哑铃"模型的各组成部分，并对天然气产业链各环节的协调发展程度及产业链升级情况进行详尽的分析。周志斌和周怡沛（2009）从中国产业链的天然气资源、管网建设、天然气消费市场和天然气消费结构四个方面进行分析，结果表明：我国天然气产业链足以协调发展，并从价格机制、天然气供应、天然气市场主体及能源消费结构优化等方面提出相关政策建议。何润民等（2009）主要从产业链中的经济利益协调机制出发，研究了产业链之间的协调机制，提出应从资源市场配置机制、有偿使用机制及环境补偿机制等方面建立天然气产业链经济利益协调机制。

（2）天然气产业链升级研究方面，华贲（2009）从天然气供需角度对我国天然气产业链升级进程进行研究，并具有针对地提出相关举措建议。张伟（2013）采用"哑铃"模型对我国天然气产业链的升级进程进行分析，并同样提出较为合理的政策建议。王振鹏（2014）则从微观的企业效率角度出发，以天然气产业链协调为目标，基于数据包络（DEA）分析方法，从企业投入产出两个方面构建了天然气企业效率的测算指标，对31家上市公司2008—2013年的效率进行实证研究，在此基础上建立天然气产业链升级模型，取得良好的效果。

（3）天然气产业链风险分析方面，刘毅军和姜海超（2003）较早地探讨了天然气产业链的风险问题，其中又分析了天然气价格变化带给天然气产业链的风险等问题。其后，他对天然气产业链风险因素进行了剖析，归纳分析出五大类风险因素，并围绕产业链上、中、下游各环节气量为中心建立指标体系，提出了产业链风险评价指标体系构建原则及层次划分方法；综合运用层次分析法和灰色系统理论，通过对产业链下游区域市场的研究建立了天然气产业链下游区域市场风险评价指标体系，从而建立了针对天然气产业链下游区域市场的风险评价模型。此外，刘毅军从我国产业链的特定发展阶段、独特动力结构和特殊发展轨迹三个视角解读"气荒"，认为"气荒"是产业链风险的再次体现（刘毅军等，2004，2007，2010）。

（4）天然气产业链一体化发展模式研究方面，马新华等（2019）认为天然气产业链协调发展是一个极其复杂的综合性问题，也是天然气产业链各环节及其间多要素协同作用促使产业整体功能价值提升的系统性问题。天然气产业整体价值提升需要天然气勘探与开发、输送与储存、销售与利用等产业链上下游所有环节协调发展才能实现，并且在天然气产业链的一体化过程中，资源供应保障是天然气产业链协调发展的关键，天然气基础设施是市场开拓和保障供应安全的最重要手段，合理有序开发和布局高效的天然气利用产业集群是促进天然气产业链协调发展的前提和基础。因此，将天然气产业链一体化发展按照业务要素组合，可以得到若干一体化协同方式，包括勘探与开发一体化、输送与储存一体化、销售与利用一体化、勘探开发与输送储存一体化、输送储存与销售利用一体化、勘探开发与销售利用一体化，以及勘探开发、输送储存与销售利用一体化。通过不同业务要素之间的一体化协同，实现天然气产业链纵向一体化发展目标，为实现天然气产业链协调发展模式总体目标提供有力支撑与重要保障。

（二）天然气产业链协同优化研究现状

当今国内外关于天然气产运储销协同优化方面的研究主要处于定性分析或局部环节的数值优化阶段，尚无直接针对天然气产业链协同优化中集管网投资、产销平衡配给、管网运输方案和储气库调峰方案为一体的供应链与物流优化研究的相关报道。类似的整体化方案研究主要集中在供应链两端的产销均衡和相关政策制度方面。

1. 国外研究现状

英国石油公司（BP）、壳牌集团（Shell）等国际能源巨头，着眼于全球范围的效益实现，但分区域独立开展运营。由于参与全球市场化运作程度较高，主要通过市场化的资源采购和产品销售实现产业链上下游衔接,因此重点建设的是分环节的优化工具。由于上下游相互依赖性不强,主要实现的是部分业务环节的独立优化和业务大区内的局部优化,尚无石油公司真正实现基于数据平台、模型体系、方法体系和应用支持体系的上下游一体化优化。

国际大石油公司都十分重视优化工作,分别根据自身的业务需求,实施和应用了不同的优化工具来建立相关的业务优化模型。例如,Shell 在生产全业务链分别独立使用 ASPEN 公司的 PIMS(Process Information Management System)软件和 DPO(Distribution Planning Optimization)软件等,其中炼化业务领域的 PIMS 模型成熟度在业内处于领先地位;BP 重视炼化和物流环节优化,尤其是物流优化中利用 IMOS(Inventory Management and Operations Schedualing)模型与 DPO 模型互动应用,以提升其物流优化的整体水平。

2000 年以来,巴西、美国等国家已经开始采用数学模型和软件来研究天然气产运销平衡问题。例如,巴西石油公司采用 OLGA(Organic Land Grid Array)软件属于计划优化软件,以产能、用户需求及运能为基础数据和边界条件,在保证生产安全和产运销衔接的基础上,以价格为导向,通过线性规划算法,计算出最优的日指定方案,以实现收入最大化。但 OLGA 软件多用于单条管道分析,且未考虑储气设施的调峰作用。美国 IHS 公司采用的是 GULP(Gas Utilisation Linear Programme)软件。该软件以整个天然气输送系统的效益最大化为目标函数,以气田、管道、用户流量为决策变量。通过优化计算，能得到每年、各气源的供气量、每条管道的输气量及流向，以及每个用户的用气量。但该软件难以适用于我国管网复杂、用户用气峰谷差大的情况。美国霍尼韦尔公司使用的SAND（Supply and Distribution Optimization）软件是一款供应和分配优化工具，主要用于优化库存和销售。SAND软件可以通过模型模拟天然气生产、运输、终端及销售多个环节。软件用户可以输入价格、需求、成本、能力、库存等多种约束条件，基于数据库和线性规划理论，通过效益最大化的方式决定生产和销售的匹配关系。与GULP软件类似，SAND软件同样难以适应我国复杂的管网环境。TIGER（Transport Infrastructure Dispatch Model of the European Gas Market）模型是欧洲天然气基础设施和流量分配模型。该模型基于最优化理论建立，目标函数为天然气供应和运输系统（不包含销售）的总成本最小，优化过程采用线性规划方法。该模型的目标函数未包含销售环节，且假定管道、储气库边际成本为固定值，与气量无关，模型过于简化，对于复杂管网模型难以取得理想的优化结果。

2. 国内研究现状

中国石油等国有大型油气企业，业务区域相对集中，上下游业务衔接密切，但由于上下游业务发展比例不一致，更加侧重于以某一环节为重点的优化工具开发应用。例如，中国石油作为一个综合性国际能源公司，上下游、国内外各项业务联系越来越紧密，生产经营协调难度不断加大，有必要建立一套涵盖国内外原油生产、炼油化工、产品销售的原有业务链一体化优化模型体系。从发展趋势来看积极开展耦合程度高的上下游业务环节的整合优化势在必行。例如，20世纪末以来，四川盆地内外的天然气市场供需先后经历了供大于求、供需宽松和供需紧张的阶段性波浪式发展行情。为此，A公司将天然气生产组织与天然气市场销售有机结合，及时调整产销策略并协调输配气管道建设，既保障了天然气市场需求，又有效管控了市场，实现了区域内外天然气上中下游产业链的均衡发展。当天然气供大于求时，采用以销定产模式；当天然气供不应求时，采用以产定销模式。根据天然气消费市场供求关系，及时调整产量、安排气田产能和生产、组织天然气销售并协调用户用气量和供气安排，确保了产运销各环节无缝衔接，同步协调发展。经过多年的不断完善，产运销一体化已成为实现天然气产业链协调发展的重要方式。

中国石化各业务层面均有优化工具，例如在炼化和物流环节，中国石化应用ASPEN公司的PIMS软件和DPO软件进行计划和物流优化。据《中国石油化工集团公司2010年统计年鉴》统计，2009年中国石化炼油企业利用PIMS模型进行优化测算910项，其中218项优化方案被落实到实际生产经营中；总部层面，重点使用PIMS模型辅助制定年度和季度生产经营计划。中国石油配合生产经营使用的优化工具有炼化物料优化与排产系统（Advanced Planning and Scheduling，APS）和一次物流系统。APS系统采用霍尼韦尔公司的RPMS

（Refining and Petrochemical Modeling System）建模软件，应用数学规划理论和模型化的方法，根据中国石油各业务领域的特点，制定约束参数，通过量价联动，最终实现效益最大化。成品油销售领域的一次物流优化系统，采用ASPEN公司的CDM（需求预测）、DPO（物流优化）软件，实现对中国石油成品油一次配送业务的调度管理，并对资源、流向和运输方式进行优化，根据资源、运力和需求优化资源配置及运输，实现效益及运输成本整体优化。

当今中国石油等国内石油公司已陆续开展了天然气产运销平衡研究工作，但仍处于探索阶段，未形成适用于复杂管网系统的优化方法和工具。例如，2010年中国石油规划总院（简称规划总院）开发了天然气产运销一体化优化软件，并在软件平台上建立了年度优化模型，对中国石油天然气产运销业务进行了初步分析。该模型验证了最优化理论应用于天然气产运销平衡的可行性，但模型规模较小（节点上限不超过150个），且不具备月度优化的功能，难以满足天然气业务规划的需求。在此基础上，中国石油又以天然气产业链整体效益最大化为目标，建立了产运销系统的数学模型，并采用CPLEX软件对模型求解，该模型已应用于中国石油天然气业务"十三五"规划和天然气产运销分析等规划研究中。

第二章　天然气产业链协同优化理论基础

尽管国内外石油企业和机构在天然气产运销平衡研究方面开展了大量工作，取得了一定的研究成果，但对于复杂管网的系统优化还缺乏深入的理论研究和实践经验。因此，天然气产业链协同优化需要诸多相关理论为基础和指导。

第一节　需求预测理论

天然气需求预测是科学决策产运储销协同优化的前提条件。常用的预测方法主要是考虑了天然气市场需求影响6大因素，即经济增长、人口增长和城市化率、居民人均可支配收入、管线建设、利用政策和环境政策、气价和替代能源价格。具体预测方法较多，按预测思路可分为经验预测法、市场调查法、时间序列预测法和相关关系预测法4大类。一般来讲，可分别采用能源消费比例法、移动平均法、灰色理论预测法、回归预测法、部门分析法和投入产出法等6种具体的方法来对天然气市场中长期需求进行预测，如图2-1所示。

一、能源消费比例法

对于长期能源需求预测可采用"能源消费比例法"进行

预测（图2-2），公式如下：

$$\text{天然气需求} = \text{GDP总量} \times \text{单位GDP能耗} \times \text{天然气占能源消费比例} \quad (2\text{-}1)$$

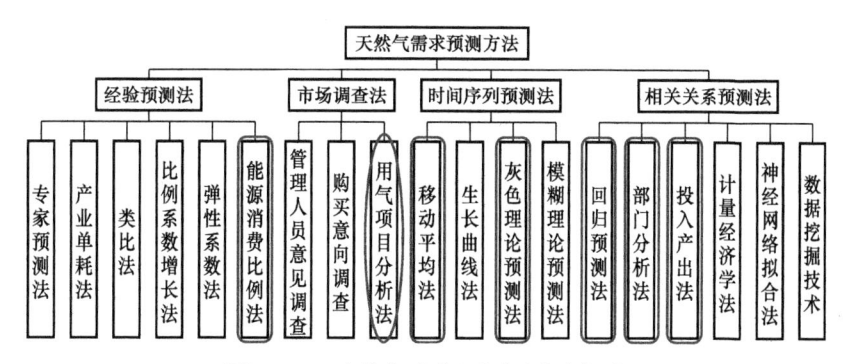

图 2-1 天然气市场需求预测方法

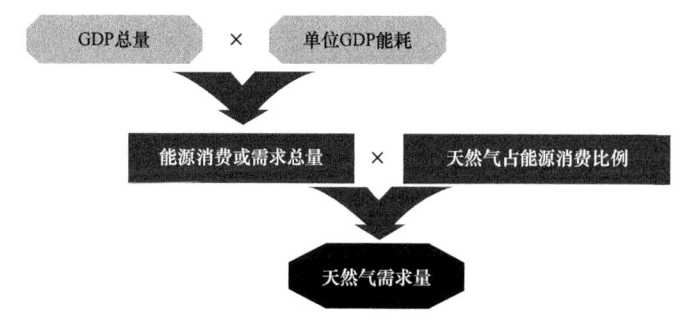

图 2-2 能源消费比例法预测框架

二、移动平均法

移动平均法是根据时间序列，逐项推移，依次计算包含一定项数的序时平均数，以此进行预测的方法。其预测依据为历史数据，潜在的假设为未来经济结构与历史经济结构变动不大，未来的波动将围绕历史平均值进行波动。

三、灰色理论预测法

灰色系统是相对于白色系统和黑色系统而言的，指系统内一部分信息是已知的，另一部分信息是未知的，系统内各因素间有不确定的关系。利用灰色系统理论建模的主要思路是：分析当前状态，找到当前系统发展的趋势，并将这种趋势向未来延伸发展，从而得到保持发展趋势的情景下系统能达到的目标值。建模的主要方法是在序列的基础上，通过灰色生成或序列算子的作用弱化随机性，挖掘潜在规律，经过灰色差分方程与灰色微分方程之间的互换实现利用离散的数据序列建立连续的动态微分方程。

四、回归预测法

回归预测法是指根据预测的相关性原则，找出影响预测目标的各因素，并用数学方法找出这些因素与预测目标之间的函数关系的近似表达，再利用样本数据对其模型估计参数及对模型进行误差检验，一旦模型确定，就可利用模型，根据因素的变化值进行预测。

五、部门分析法

按用气行业分为多个部门，综合考虑各部门的用气特性、发展规划、相关因素，分别进行需求分析，进而汇总得到地区天然气市场需求，如图2-3所示。

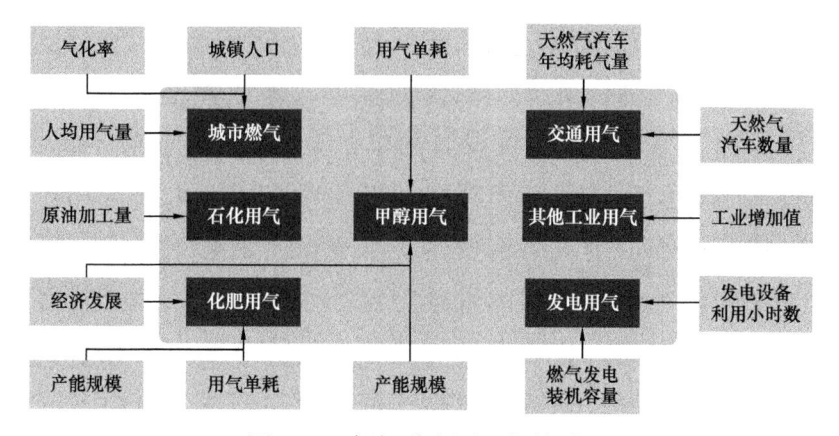

图 2-3 部门分析法预测框架

六、投入产出法

投入产出法就是把一系列内部部门在一定时期内投入来源与产出去向排成一张纵横交叉的投入产出表格，然后根据国民经济各部门间产品生产与消耗之间的数量依存关系，计算消耗系数，并据以进行经济分析和预测的方法。

第二节 市场营销理论

如何选择下游市场用户、满足下游市场需求，是天然气产运储销下游环节的重点。例如，中国石油天然气集团有限公司（以下简称"中国石油"）曾对天然气主要用户的用气结构、用气规律、潜在需求进行了摸底分析，初步建立了客户资料档案，与用户建立了日常联系机制。但是，上述信息基本是以 WORD 或 EXCEL 格式按单个用户分别存储，不具备综合分析、汇总功能，不能实现对市场区域、供气管道、销售企业、用气结构等方面的自动统计、筛选和查询，也不能对用户进行等级评价，更没有简单、美观和方便操作的界面。随着天然气供应规模和市场区域的不断扩大，天然气用户数量将快速增加，用气结构变得更加复杂，从而给客户管理提出了更高的要求，现有的管理方法和手段显然不能满足客户管理要求。因此，非常有必要建立一套完整的客户信息管理和评价系统，通过系统的数据库和模型，对客户进行及时跟踪和评价，快速应对市场变化，满足客户需求，实现公司生产和销售目标。为进行用户选择，中国石油建立了"中国石油天然气客户评价系统"，对天然气客户进行评价分析。

天然气客户评价的要素包括政策因素、社会因素、可实施性因素及商业因素。商业因素又包括客户的用气情况（包括用气量的大小、用气价格的高低等）、用气特性（包括是否为管道系统的安全平稳生产带来便利或降低成本）、信用状况（是否具备支付能力以及是否及时足额支付等）和发展潜力（用气水平的增长潜力和未来对价格上涨承受能力的预期）等方面。

按照是否有天然气的交易，天然气客户可以分为现有客户和潜在客户（图 2-4）。现有客户是指已经用气的客户，包括刚开始与之交易的新用户、与之有较长交易历史的老客户和已经建立长期稳定关系的忠诚客户；潜在客户是指有天然气用气需求，但尚未与天然气生产企业进行交易的客户。

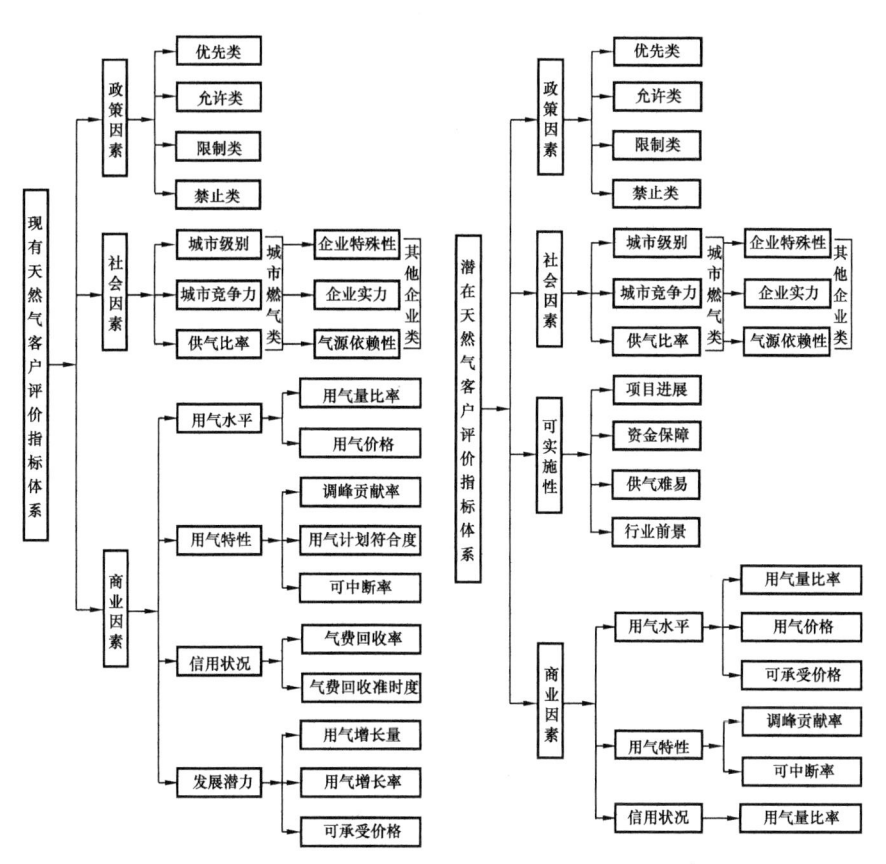

图 2-4 天然气客户评价指标体系图

对于现有客户，由于有交易历史，天然气交易相关的数据资料比较齐全。通过交易数据的分析，客户评价应能够反映出各客户对天然气生产企业的相对价值和重要性。对于潜在客户，客户评价应能识别各潜在客户的潜在价值，找出应该优先发展的客户，为制定相应的营销策略提供依据，应当重点考虑指标的可获取性。

因此，根据现有客户及潜在客户的特点，从政策因素、社会因素、可实施性因素及商业因素出发，分别构造天然气客户评价指标体系，现有客户包括三大类 11 项指标，潜在客户包括 4 大类 14 项指标。

层次分析（AnalyticalHierarchyProcess，AHP）法适用于多准则、多目标或无结构特征的复杂问题的决策分析，广泛用于管理评价、经济发展比较、资源规划分析、事故致因分析、人员素质测评及安全经济分析等方面，目前国内外电力、银行、通信等行业客户评价大都采用层次分析法。借鉴其他行业的经验，天然气客户评价也可采用层次分析法。例如，针对图 2-4 所示的天然气客户评价指标体系，可建立表 2-1、表 2-2、表 2-3。

表 2-1　第一层因素权重表

第一层因素	政策因素 A1	社会因素 A2	可实施性 A3	商业因素 A4
权重	0.1428	0.0825	0.2942	0.4805

表 2-2　现有客户商业因素权重表

第二层因素	第二层因素权重	第三层因素	相对权重	第三层因素权重
用气水平 B41	0.5112	用气量比率 C411	0.5000	0.2556
		用气价格 C412	0.5000	0.2556
用气特性 B42	0.2242	调峰贡献率 C421	0.5278	0.1184
		用气计划符合度 C422	0.1396	0.0313
		可中断率 B423	0.3325	0.0746

续表

第二层因素	第二层因素权重	第三层因素	相对权重	第三层因素权重
信用状况 B43	0.1633	气费回收率 C431	0.7500	0.1225
		气费回收准时度 C432	0.2500	0.0408
发展潜力 B44	0.1013	用气增长量 C441	0.3196	0.0324
		用气增长率 C442	0.1220	0.0124
		可承受价格 C443	0.5584	0.0566

表 2-3 潜在客户商业因素权重表

第二层因素	第二层因素权重	第三层因素	相对权重	第三层因素权重
用气水平 B41	0.6250	用气量比率 C411	0.2098	0.1312
		用气价格 C412	0.2402	0.1501
		可承受价格 C413	0.5499	0.3437
用气特性 B42	0.2385	调峰贡献率 C421	0.3333	0.0795
		可中断率 C422	0.6667	0.1590
信用状况 B43	0.1365	客户信用度 C431	1.0000	0.1365

第三节 物流与供应链管理理论

天然气产业链上游的勘探开发、中游的管道建设输送以及下游的营销配送是一个系统整体，从供应链管理的思想看，上中下游的任何一个产业环节产生问题都会影响整个产业的效率和效益，严重时甚至会导致整个产业链失效。因此，将供应链管理理念引入到天然气产业领域，为解决天然气资源配置问题提供了新的思路。天然气供应链是复杂的链状系统，包括原材料供应、勘探与生产、管道输送、分销、客户等环节，以及通过各节点贯穿于全系统的物流、资金流、商流、信息流。

一、物流系统优化理论

现代物流由运输、仓储、包装、搬运装卸、流通加工、配送以及物流信息等环节有机结合所构成，主要功能是实现商品地理位置和时间的转移。而物流管理的核心是在一定服务水平条件下尽可能降低总成本或最大化总利润。

（一）天然气物流系统特点

天然气供应链同样包含了物流系统。一是实现天然气从产地到消费地的地理位置转移；二是实现时间上的转移，达到以均衡的天然气生产满足峰谷特征明显的天然气消费。天然气物流系统存在以下特点。

（1）地理跨度大，这是由资源和市场特征决定的。

（2）稳定性较强，柔性较差，这是由管道运输和资源分布决定的。

（3）物流系统复杂庞大，但干线网络清晰。

（4）资金占用量大，基建资金需求量大。

（5）资源和市场可以根据建模需求调整为不同粒度，本书中大都采用市级区域作为市场节点。

（6）系统全面，品类复杂，外部气源下载节点、生产气田、储备库等都纳入了供应节点。

（7）背反效应明显。管道等基础设施项目投入的巨额成本与天然气产销环节产生的利润、管输环节节约的成本呈现明显的背反效应。诸如此类的交替损益或效益背反现象还有很多，处理不当就会使总体效益急剧恶化。

成本节省是物流系统优化中对物流系统选址和调度要实现的基本目标。这是由于商品在流通过程，使用价值基本不再增加，企业往往依靠节约成本提升整体回报率。天然气成本构成中输配成本占了很大比例，越往下游，用气成本越高，甚至导致天然气企业亏损，我国各省市天然气门站价格差距就是这一状况的现实写照，作为主要用气市场的东部地区用气成本也最高，这都是由于管输成本高造成的。

效益最大化是物流系统优化另一常见的基本目标。这是由于不同的资源分配方案往往导致截然不同的利润或者绩效。天然气作为一种能源产品，提供给不同的客户作不同目的使用，产生的经济和社会效益也有差异，实现该分配方案也会导致不同的成本。例如，各省市天然气门站价存在差异，不同地区、不同用气性质的保供等级也有差异，这些都会影响天然气产业链协同优化方案的综合绩效。

（二）物流系统优化方法

物流系统优化是实现物流管理目标、体现物流管理效率与效益的必要过程和手段。常用的物流系统优化方法主要有运筹学方法、智能优化方法和模拟仿真法三种方法。运筹学优化方法一般是建立在一个物流系统的数学模型基础之上的，智能优化方法为复杂物流管理决策问题提供了重要的可行性解决方案。系统仿真是根据被研究的系统模型，利用计算机进行实验研究的方法，是分析、研究复杂物流系统的重要工具。

物流系统优化方法主要是运用线性规划、整数规划、非线性规划等数学规划技术来描述物流系统的数量关系，以便求得最优决策。但由于物流系统庞大而复杂，建立整个系统的优化模型一般比较困难，而且用计算机求解大型优化问题的时间太长和费用太高，因此优化模型常用于物流系统的局部优化，并结合其他方法求得物流系统的次优解。如旅行商问题（Travelling Salesman Problem，TSP）、车辆路径问题（Vehicle Routing Problem，VRP）、配送中心选址问题、布局优化等问题是几种著名的物流系统优化问题。这些问题都是离散的组合优化问题，且都具有非确定性多项式（Non-deterministic Polynomial，NP）难题性质。

1. 旅行商问题

TSP可描述为：给定n个城市和两两城市之间的距离，求一条访问各城市一次且仅一次的最短路。TSP是一个典型的组合优化问题,且是一个NP难题。对于TSP的研究方法主要有精确算法和智能优化方法。精确算法主要包括分枝定界法、动态规划法等;智能优化算法则主要包括禁忌搜索法、模拟退火算法、蚁群算法、遗传算法、人工神经网络算法、r-opt算法、LK(Lin Kernighan,LK)算法、人工免疫AIS(Artificial Immune System,AIS)算法和粒子群优化(Particle Swarm Optimization,PSO)算法等。随着遗传算法的发展其广泛地与其他算法相结合,产生许多混合遗传算法。

2. 车辆路径问题

VRP是由Danting和Rasmer在20世纪50年代末首先提出。该问题可定义为:运输车辆从一个或多个设施到多个地理上分散的客户点,优化设计一套货物流动的运输路线,同时要满足一系列的约束条件。该问题的前提条件是设施位置、客户点位置和道路情况已知,由此确定一套车辆运输路线,以满足目标函数(VRP的目标函数通常是总费用最小)。对VRP的求解算法可分为精确算法和启发式算法两种。其中精确算法包括分枝定界算法、动态规划和整数规划。VRP的启发式算法多是来源于对TSP问题的求解算法。比如局部优先算法、插值法等可以不用修改地用于一些VRP。求解有时间窗车辆路径问题(VRPTW)的常用算法有禁忌搜索算法(TS)、模拟退火算法(SA)、遗传算法(GA)、蚁群算法(ACA)、粒子群优化算法(PSO)、免疫算法及节约算法等。

3. 库存—路径问题

库存—路径问题（Inventory Routing Problem，IRP）是指在供应商管理库存（Vendor Managed Inventory，VMI）模式下，在无限（较长）计划期内，由1个供应商（配送中心）向多个客户提供补货配送服务，在满足一定约束条件（客户库存能力、配送车辆数量及能力等）时，确定各决策阶段的库存策略，即配送对象及其配送数量，以及相应的配送策略，即配送路径，使系统平均（折扣）运行成本，包括：库存持有成本、缺货损失成本、配送成本等最小，其实质就是研究库存补充和配送之间的协调问题。由此可见，有效解决IRP是实施VMI，削弱"牛鞭效应"、降低供应链运行成本的关键所在。同时，IRP还是典型的NP-hard问题，在客户数量较多、需求不确定的情况下求解难度更大。因此，对于IRP的研究具有很强的现实意义和理论价值。

4. 生产—路径问题

生产—路径问题（Production Routing Problem，PRP）较库存路径问题而言，将上游生产纳入了优化问题。因此需要协调生产、库存和车辆路径整体方案。其系统运行成本包括：生产批量固定成本、生产边际成本、库存持有成本、缺货损失成本、配送成本等。PRP也是典型的NP-hard问题，求解难度更大更甚于IRP。

5. 物流配送中心选址问题

物流配送中心选址是指给定某一地区所有需求点（用户）

的地址集合，要求从中选出一定数目的地址建立配送中心，从而建立一系列的配送区域，实现各个需求点的配送，使得在选出点建立的配送中心与各个需求点所建立的配送系统总配送费用最小。其目的在于加快货物流动速度并避免不必要的配送成本。物流配送中心的选址决策对于整个物流系统运作和客户满意情况有着重要的影响。选址方法主要有定性和定量的两种方法。定性方法有专家打分法、Delphi法等，定量方法有重心法、P-中值法、数学规划方法、多准则决策方法、解决NP难题的仿真法及各种启发式算法如遗传算法、人工神经网络、模拟退火算法等。

6. 布局优化问题

布局优化问题广泛地存在于人们的日常生活和现代工程设计中，如物流园区的设施布局，空间管道布局，船舶管路优化布局等，布局优化问题是典型的组合优化问题，具有NP完备性。布局分为二维布局和三维布局，它们一般要求待布物之间、待布物与容器之间不干涉，并尽量提高空间利用率，此类问题为无性能约束的布局问题。还有一类问题除以上基本要求外，还需考虑其他的性能约束，如惯性、平衡性、稳定性等，称之为带性能约束布局问题，简称约束布局问题。相比之下，后者较之前者更复杂，更难于求解。

7. 最小费用流问题

在许多问题中，对费用的考虑具有重要意义。如在运输网络中，我们需要在花费最小的前提下完成运输量；信息通信网络中，信息从源点传送到宿点时寻找一条最小费用的路由，这条路由既满足流量要求又实现费用最省，以实现最佳的流量分配。在交通运输中往往并不是运输一种物品，当运输物品为两种的时候，在每一条道路上运输每种物品的费用也不相同时的前提下，寻找使总运输费用最小的运输方案。这样的问题在运输网络优化问题中被称为最小费用最大双流问题。通过对最小费用最大流问题以及最小费用最大双流问题的比较与分析，可以更好地理解最小费用最大双流问题。

二、供应链管理理论

供应链的协调发展取决于各节点企业作用的有效发挥，各企业作用的发挥不能脱离系统的约束。要注重企业之间的合作，提高整个供应链的运行效率，实现全局最优。天然气供应链实际上是一种基于"竞争—合作—协调"机制、以各个节点成员的作业协调和集成为保证的一种新的天然气系统运营模式。核心管理思想就是通过设计合理的契约结构，实现供应链上各节点分输站或地区之间的合作与分工。

（一）天然气供应链 VMI 契约的内涵

VMI 契约实质是对库存管理的决策权在供需双方进行重新分配的一类契约。国内学者普遍认同的 VMI 定义为：VMI

是供应链管理环境下一种集成的、系统的库存管理方法。它打破传统各自为政的库存管理模式，以用户和供应商双方获得最低成本为目的，在一个共同的协议下由供应商管理用户库存，并不断监督协议的执行情况和修改协议内容，使库存管理得到持续改进的合作性策略。

（二）天然气供应链模型

天然气供应链的VMI契约是指各个天然气地区分销商将天然气量的库存、订货控制权通过契约的方式交给天然气供应商或第三方，供应商或第三方根据天然气地区分销商的需求信息以及自身生产能力，进行实时、及时的天然气地区分销商拉动式的补货决策，实现订货、补货的集成。

在VMI契约环境下，供应商或第三方具有管理买方库存和制定订货方案的职能，为了实现运输的规模效应，往往供应商和第三方倾向将较小规模的需求累积到一定批量或一定时间再发货。这种源于实践的策略引起了学者的研究兴趣，并将该类问题归并为库存与运输联合优化策略。实质上，VMI契约下对该问题的探讨比信息共享问题的研究更有意义，因为VMI契约的本质是供应商或第三方通过库存补充与运输调度的联合决策，实现整个供应链成本的降低或收益的增加（图2-5）。

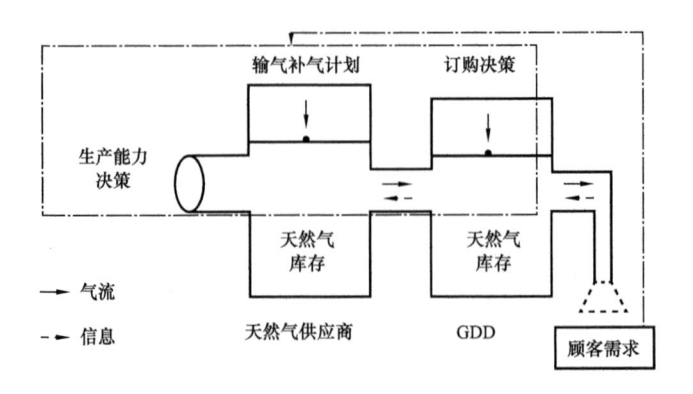

图 2-5　VMI 策略下的天然气供应链模型

第四节　天然气市场供应面流动性理论

所谓流动性，就是天然气供应面对市场头寸和价格迅速反应的能力，以及供应面和需求面相互快速适应的能力。当前，全球天然气市场供应面的流动性逐渐显现。具体来说，供应面的流动性来自天然气储备带来的流动性、LNG 进口带来的流动性。

在一个市场化的天然气市场，需求的波动除了可以被现货市场吸收，也可以通过天然气储备来得到平滑。这些需求的波动可能是短期的，比如一天之中的高峰和低谷；也可能是长期的，比如季节性的需求波动。在欧美国家，天然气运输管道允许第三方准入，那么天然气管道所有者就退化成一个单纯的管道运营商，他可以将一部分的管道容量预留出来，给运输商储气使用，这种机制就解决了一天之内的需求波动问题。而对于长期的需求波动，天然气储备就成了现货市场之外最主要的平滑手段，夏季用电高峰期，发电厂用于调峰的天然气需求剧增，从天然气储备设施调气比在现货市场上寻求货源更经济。

从储备的目的性来说主要有两个方面，一个是套利，另一个是防范可能的供应中断。前者是指在供大于求的时期，以低价购进并注入天然气储备设施，而在未来可能的气源短缺时期，重新提取出来并以高价售出。后者就是一般的应急储备。在天然气市场化程度不高的国家，储备主要由政府或城市公用事业单位筹备，其主要目的是为了预防冬季等用气用电高峰季节的需求激增或供应中断，带政策性指令性质。而在天然气市场化程度较高的国家，私人部门参与储备的战略性运营，其中套利的成分就尤显得明显。另外近年来，工业组织论研究的深入，分离出储备的另一个目的：战略性储备。它的含义是指储备运营商通过有目的的注入和提出天然气来影响下游市场中竞争对手市场行为的一种策略。

一、套利目的的储备

天然气储备的流动性体现在利用储备来套利，套利有助于熨平价格波动。而价格波动又反过来影响储备决策。关于储备头寸影响价格波动的研究较多。Serletis 和 Shahmoradi（2006）的研究验证在不同的储备量条件下，即期市场和远期市场对于供应冲击的不同反应。他们的结论是当储备量充足的时候，供应冲击对即期市场和远期市场的影响是对称的；而当储备量不甚充分的时候，供应冲击对即期市场的影响远大于远期市场。Wei 和 Zhen（2006）进一步量化了持有储备带来的便利收益和风险溢价，及其造成远期价格和即期价格的偏差。关于价格波动影响储备头寸的研究方面，有 Susmel 和 Thompson（1997）证明美国天然气现货价格波动加剧，持有储备的边际收益增加，储备运营商越倾向于增加储气设施的建设投入。

二、预警性储备

Villeneuve（2009）考察天然气短期预警性储备，他们构建了一个随机模型来评价英国不建立天然气预警性储备的弊端。他们认为时间间隔分属于"充足"和"危机"的状态，两种状态以一定的比例随机转换。在"充足"状态，最优储备量 S* 到达之前，由于预期到可能的资本利得，储备会不断增加，缓解了价格上升的压力。而价格上升幅度的减小又抑制了储备的进一步增加，因此 S* 只能被无限接近。在"危机"状态下，预警性储备的消耗抑制着价格的飙升。在这样的假设下，他们的研究得出了最优储备量及该储备量可延续的时间。进一步通过仿真模拟，他们得出英国为抵制投机而不建立预警性储备的政策会导致福利损失。

三、战略性储备

天然气储备作为影响市场势力的战略性手段，这是在去管制环境下（欧盟 2003 年出台的天然气指导性意见 Directive2003/55/EC）发展出来的研究方向。通常的观点认为，即使允许第三方准入，如果储备经营商也是天然气供应商，有可能通过优先使用的权利，阻扰第三方使用储备，进而影响现货市场价格。Esnault（2003）的研究表明在法国等天然气进口国，储备是稀缺资源，允许第三方准入必须配合一定的管制才能达到有效竞争的目的。

也有和这一思路截然相反的研究，Viel（2007）证明当储备成本较高的时候，储备经营商作为价格领导者，反而会让其竞争对手尽量多地使用储备，对现货市场价格达到抑制作用，而这个低价又可以帮助其建立第二期的储备。Baranes等（2009）建立了双寡头模型，他们的研究显示，当储备经营权不被任何一方所拥有，即双方可以平等使用储备的时候（古诺竞争），战略性储备不会被建立。当储备经营权被一家纵向一体化的企业所拥有，监管部门仅规定准入价格，情况有所不同。当准入价格较高，一体化公司通过增加自己的储备水平阻碍对手的进入，储备气量的投放为第二期的即期市场提供了较低的价格。

从这一角度来说，战略性储备的建立是有利于增进社会福利的，所以监管者需要在储备设施公平使用和较低的即期市场价格之间做出权衡。

第五节　天然气管网优化调配理论

天然气管网优化调配理论与方法是产运储销协同优化的重要支撑。天然气输配管网优化调度的主要任务是在满足管网各节点用户需求的前提下，提高管网的输送能力和管道运营商的经济效益。它涉及的子问题范围广，包括管网各节点的天然气销售的定价机制、管网节点的负荷预测、管网稳态分析方法、管网优化调度数学模型的求解以及基于SCADA系统的管网的信息化管理等。为此，需要在分析影响天然气管网运营安全和运营经济效益的各种因素的基础上，研究并建立天然气管网运营安全与效益目标优化模型，用于指导天然气管网系统的日常调度和管理，优化管网的运营方案，为天然气管网的运营提供参考。

一、天然气管网优化调度问题

天然气管道是连接天然气生产与消费的纽带，天然气管道必须安全、平稳、高效地运行。20世纪60年代，美国、欧洲一些国家相继开始了研究输气管道优化运行问题的工作。1961年，美国一家输气管道公司与IBM公司合作研究输气管道模拟与优化运行问题，拉开了输气管道优化运行研究的序幕。

到20世纪末，天然气长输管道或管网仿真模型和优化运行技术已基本成熟，长输管道非线性运行优化模型（含离散变量，目标函数为全线能耗最小）也已经基本得到了公认。国外学者只是从优化算法方面进行努力，以便更加快速和有效地求解天然气长输管道（管网）运行优化模型。随着我国天然气工业的快速发展以及国家对管道工业的大力扶持，国内学者对天然气管道输气系统运行优化进行了研究。所建立和采用的优化模型与国外学者采用的优化模型相近，主要是以全线最小能耗为目标的优化模型，采用不同的优化算法或模拟工具求解天然气长输管道运行优化模型。例如，1988年白兰君建立了无压缩机站的天然气输气管网运行优化模型，其目标是提高现有输气管网运行方案的经济性；1999年，中国石油大学（北京）与中国石油规划总院进行了干线输气管道运行优化研究，并开发一套天然气长输管道运行优化软件（GPNOPT2），其目标是优化长输管道中压缩机的运行方案，降低压缩机能耗费用。

二、天然气管网优化模型

实际优化问题的数学抽象即为最优化问题的数学模型。它包括目标函数和约束条件的全部数学表达式。所建立数学模型是否合理、完善，是寻优结果能否是最优的关键所在。因此，在整个最优化问题中，优化问题数学模型的建立是最为重要的，下面以川渝地区天然气管网优化调度为例进行阐述。

（一）基本假设

（1）对于地形起伏地区的输气管道，根据管道铺设面倾角将管线分段后，只考虑分段管道起点与终点之间的高程差对输气量的影响；

（2）不考虑气体沿管道流动过程中温度的变化，视气体在管道内的流动为等温流动；

（3）气体在管道内的流动为稳定流动。

（二）目标函数

一个工程问题，常有许多可行的方案，最优化问题的任务是要找出其中最优的一个方案。评价最优方案的标准应是在设计中能最好地反映该项设计所要追求的某些特定目标。通常，这些目标可以表示成设计变量的数学函数，这种函数即为目标函数或评价函数。

1. 最大收入目标函数

影响 A 公司所辖管网的日运营方案收入变化的主要因素是管网系统内的天然气流量，即各个用户的用气量以及各个气源的气量。该管网日运行方案最大收入目标函数为

$$\max F = \sum_{k=1}^{N_{\text{out}}} S_k Q_k^{\text{out}} \quad (2\text{-}2)$$

式中　F——目标函数，元 /d；

　　　N_{out}——模型中出气点（用户）总数；

　　　S_k——第 k 个出气点（用户）气价，元 / 立方米；

　　　Q_k^{out}——模型第 k 出气点（用户）流量，立方米 / 天。

2. 最大流量目标函数

由于川渝管网系统已经投产运行多年，管网系统中部分元件的性能已经完全不同于管网系统投产初期的性能，管网系统中的管道等元件的承压能力和输送能力均有所下降。为了安全且最有效地利用管道等元件的输气能力，川渝天然气

管网运行优化问题可以以管网系统内天然气最大流量为目标，其数学表达式为

$$\max F = \sum_{k=1}^{N_n} a_k Q_n^k \qquad (2-3)$$

式中　F——目标函数，立方米/天；

　　　Q_n^k——第 k 节点流量，立方米/天；

　　　N_n——管网系统中节点数；

　　　a_k——系数，当第 k 节点流量为正时（即该节点为进、出气流量代数和为正）为 1，否则为 0。

（三）主要约束条件

1. 节点体积流量方程

在实际站场中可以有多个进气管线入口和多个出气管线出口。如果假设各个进出气口的进入或流出该节点（站场）的压力相同，则该节点的体积流量（流出管网或者是流入管网）为与该节点相连接的各个进气口和出气口气量的代数和。

$$Q_k^n = \sum_{j=1}^{N_{in}} \alpha_j^k Q_j^{in} - \sum_{i=1}^{N_{out}} \beta_i^k Q_i^{out} \qquad (2-4)$$

式中　Q_k^n——模型第 k 节点（站场）流量，立方米/天；

　　　α_j^k——系数，当第 j 个进气点与节点（站场）k 相关联时为 1，否则为 0；

　　　β_i^k——系数，当第 i 个出气点（用户）与节点（站场）k 相关联时为 1，否则为 0。

2. 管网节点质量流量平衡方程

对于天然气管网，在任意一节点处，根据质量守恒定律可知流入和流出该节点的天然气质量应该为0。一般地，对于有 n 个节点的天然气管网系统，节点的天然气质量流量平衡方程组可以写为

$$\sum_{i=1}^{N_e} \eta_i M_{ei} + M_n^k = 0 \quad (2-5)$$

式中　M_{ei}——与第 k 个节点相关联的管道（或元件）内气体的质量流量，千克/秒；

M_n^k——第 k 个节点的质量流量，流入为正流出为负，千克/秒；

N_e——模型管道和非管元件总数；

η_i——系数，当元件 i 中流量流入 k 节点时为 +1，当元件 i 流量流出节点时为 –1，当 k 节点为连接节点（既无外界气体流入也无内部气体流出）时，为 0。

3. 管道压力降方程

根据气体在管道中流动的连续性方程和动量方程得出气体在管道内稳态流动应满足的方程：

$$M_P = \frac{\pi}{4} \sqrt{\frac{\left[p_Q^2 (1 - C_1 \Delta h) - p_Z^2 \right] D^5}{\lambda Z R T L \left(1 - \dfrac{C_1 \Delta h}{2}\right)}} \quad (2-6)$$

式中　M_P——通过管道的气体流量，千克/秒；

　　　p_Q——管道起点压力，帕；

　　　p_Z——管道终点压力，帕；

　　　T——气体流动温度平均值，开；

　　　L——管道长度，米；

　　　D——管径，米；

　　　Δh——管道起始端与终端高程差，米；

　　　Z——气体压缩系数，按 BWRS 状态方程计算；

　　　λ——气体摩阻系数；

　　　C_1——系数。

4. 进气点流量约束

天然气作为一种能源，一段时间内进入管网的气量要受到产地（气井、集气站、净化厂）的产量或处理能力的制约。即

$$Q_{j\,\min}^{\text{in}} \leqslant Q_{j}^{\text{in}} \leqslant Q_{j\,\max}^{\text{in}} \quad (j=1,2,\cdots,N_{\text{in}}) \quad (2-7)$$

式中　$Q_{j\,\min}^{\text{in}}$——第 j 个进气点最小气量，立方米/天，可以通过分析该气源的生产规划获得；

　　　$Q_{j\,\max}^{\text{in}}$——第 j 个进气点最大气量，立方米/天，可以通过分析该气源的生产规划获得。

5. 出气点流量约束

天然气作为一种能源，各用户根据自身需要对购气量也有一定要求。即

$$Q_{k\,\min}^{\text{out}} \leqslant Q_k^{\text{out}} \leqslant Q_{k\,\max}^{\text{out}} \qquad (k=1,2,\cdots,N_{\text{out}}) \qquad (2\text{-}8)$$

式中 $Q_{k\,\min}^{\text{out}}$ ——第 k 个出气点（用户）最小气量，立方米/天；

$Q_{k\,\max}^{\text{out}}$ ——第 k 个出气点（用户）最大气量，立方米/天。

6. 节点流量约束

川渝天然气管网中的每一个站场（节点）都有其处理能力限制，因此节点流量都有一定要求。即

$$Q_{k\,\min}^{n} \leqslant Q_k^{n} \leqslant Q_{k\,\max}^{n} \qquad (k=1,2,\cdots,N_n) \qquad (2\text{-}9)$$

式中 $Q_{k\,\min}^{n}$ ——第 k 节点允许的最小进（出）气量，立方米/天；

$Q_{k\,\max}^{n}$ ——第 k 节点允许的最大进（出）气量，立方米/天。

7. 节点压力约束

现场中各个站场设备的承压能力（或者说气井、集气站和净化厂等气源气体的压力）应该限制在一定范围内，同时，用户根据自身需要对管网各分气节点的压力也有一定要求。因此，管网各节点的压力需满足式（2-10）：

$$p_{i\,\min} \leqslant p_i \leqslant p_{i\,\max} \qquad (i=1,2,\cdots,N_n) \qquad (2\text{-}10)$$

式中 p_i ——第 i 节点压力，帕；

$p_{i\,\min}$ ——第 i 节点允许的最小压力，帕；

$p_{i\,\max}$ ——第 i 节点允许的最大压力，帕。

（四）决策变量

从优化模型中的目标函数和约束条件可知，模型的目标函数直接与用户的流量相关，而从模型的约束条件可知，用

户的流量、管道内的流量与节点的压力相关，因此，确定出川渝天然气管网运行优化数学模型的优化变量为：管道节点处各个进气（气源）流量、分气（用户）流量和节点的压力。

天然气管网优化调度模型的基本特点是：优化模型既含有等式约束又含有不等式约束，约束条件中既含有线性约束又含有非线性约束，优化模型具有非线性，由约束条件组成的优化模型的可行域为非凸集。

三、天然气管网优化方法

国内外学者对天然气输气管道管网优化已经作了一些研究，但主要集中在对天然气长输管道管网的优化设计研究以及对天然气长输管道稳态运行优化的研究。

天然气管网稳态运行优化方法主要有两种：（1）利用专门研制的优化软件对管网进行优化；（2）利用仿真软件对管网进行优化。两种方法有着本质区别，优化软件根据管网的已知结构和约束，通过优化算法得到输气管网的运行参数；仿真软件优化则是从预先设定好的多套运行参数中，通过仿真模拟从中选择最优的一组作为优化结果。基于优化模型的天然气管网稳态运行优化，研究对象既包括单条输气管道，又包括管网，优化目标可以是单目标（如运行能耗最低、输量最大或管输收益最高等），也可以是多目标。

天然气管网稳态运行优化研究仅针对产运储销全价值链中管输环节的优化。一方面，由于侧重于运作层面的输配优化，因此考虑了水力计算等方面内容，导致模型为非线性优化，计算复杂度提升；另一方面，由于仅考虑现有管网设施，对投资建设远景规划和产销结构剧烈动态变化的特殊天然气供应链不具备宏观全局的指导意义。

第六节 天然气产业链一体化协同发展理论

　　天然气产业是国民经济能源体系的重要组成部分，涵盖以天然气资源为对象从事的勘探开发、储运、销售利用等系列行业，涉及天然气产业链上多业务协同。天然气产业链一体化协同是将天然气产业链视为一个复杂系统，以产业链上勘探、开发、输送、储存、销售、利用等产运销主要环节为系统的组成要素，进行多环节间多要素的组合与优化，协同实现产业链整体价值最大化和功能最优化。尤其重点强调，勘探开发、输送储存与销售利用一体化是指从全天然气产业链协调和整体效益出发，以天然气生产为核心，市场需求为导向，管道建设为辐射，统筹天然气生产、资源配置、管网布局、市场营销、竞争应对，形成完整的天然气产供储销体系。这一体系是将天然气上游生产、中游管输和下游销售视为一个复杂的自适应系统，通过产运销一体化规划设计、产供储销联动协同、企地配合，实现产运储销运行更优、资源统配灵活性更强、市场研判布局更准、市场应变时效性更快、管理优势和人才优势作用发挥更好，共同推进天然气产业的一体化健康可持续发展。

一、天然气产运销一体化协调发展评价模型研究

在借鉴天然气产运销一体化研究以及协调发展评价模型研究的相关文献的基础上，研究确定天然气产运销协调发展定量评价指标体系的一级指标（总指标）。产运销协调发展系数包括3个二级指标，分别是产运销各环节的单项指标、产运销各环节的协调指标以及产运销经营管理指标。在二级指标中，产运销各环节单项指标包括勘探储量年增长率、开发产量年增长率、地面设施建设投资年增长率和销量年增长率4个三级指标；产运销各环节协调指标包括储采比、产能负荷因子、管道负荷系数和商品化率4个三级指标；产运销经营管理指标包括经营管理计划完成率、问题事故发生率、年利润增长率3个三级指标。

总体上，考虑采用层次分析法确定各层次指标权重，采用分级评分法确定三级指标得分，采用加权求和法综合确定二级指标得分以及企业的整体产运销协调发展水平。

二、天然气产运销优化模型的设计与实践

国内外天然气产运销优化研究的优化目标不尽相同，主要有效益最大、成本最低及能耗最少。其中，成本和能耗目标忽略了购销价差对效益的影响，通常用于管网系统运行优化；而效益指标更具有全局性，更能体现整体优化效果。因此，对于天然气产运销规划所要求的全产业链优化，以效益最大作为优化目标为宜。

表 2-4　天然气产运销协调发展评价指标体系

一级指标	二级指标	三级指标
产运销协调发展系数	产运销各环节单项指标	勘探储量年增长率
		开发产量年增长率
		地面设施建设投资年增长率
		销量年增长率
	产运销各环节协调指标	储采比
		产能负荷因子
		管道负荷系数
		商品化率
	产运销经营管理指标	经营管理计划完成率
		问题事故发生率
		年利润增长率

（一）管道输量与压力关系的简化

从管道实际运行来看，管道输量与起始点压力密切相关。但对规划方案而言，重要的是在管道能力范围内保证各管段输量的总体平衡，对管段间的压力匹配不做严格要求。因此，可通过添加约束条件来简化管道输量与两端压力的关系，将管道两端的压力因素用管道上下游流量及管输能力作为约束条件来间接表达：

$$Q_1 - Q_2 - Q_3 = 0 \tag{2-11}$$

$$Q_{4,\min} \leqslant Q_4 \leqslant Q_{4,\max} \quad (2-12)$$

式中 Q_1、Q_2——分别为流入、流出管段的天然气气量，立方米/小时；

Q_3——管段自耗气量，立方米/小时；

Q_4——管段输量，立方米/小时。

（二）储运设施运行成本的简化

天然气产运销系统包含的储运设施主要指管道、储气库及LNG接收站，其运行成本可分为固定成本和可变成本。固定成本一般不随流量变化，如固定性操作与维护支出、折旧与摊销、各种税费支出等；可变成本主要随流量变化而变化，如燃料费、动力费、材料费等。对于天然气产运销系统，关注重点是不同方案的效益差异，而各方案的固定成本基本一致，因此在规划模型中可以省略，仅考虑可变成本。对于管道而言，压缩机功率消耗是影响可变成本的主要因素，但是，压缩机功率计算是一个高度非线性的表达式，直接引入模型将导致计算量显著增大，大大降低运行效率。为此，将关注对象由压缩机转移至管道整体，考虑直接从财务数据中抽象出管道运行成本与输量的函数关系，并进行线性化处理以简化计算。储气库和LNG接收站的运行成本也参照管道的模式进行简化，则储运设施运行成本的数学表达式为

$$C = f(Q) \quad (2-13)$$

式中 C——储运设施运行成本，元；

Q——管道输量、储气库注气或采气量、LNG 接收站接收或外输量，立方米/小时。

（三）数学模型的建立

利用管道输量和储运设施运行成本的简化数学表达式，将天然气产运销各环节流量作为决策变量，以整体效益最大化为目标函数，建立优化数学模型，其数学表达式为

$$E_{\max} = \sum P(Q_{C,i}) - \sum C(Q_{R,j}) - \sum C(Q_{P,k}) - \sum C(Q_{S,m}) \quad (2\text{-}14)$$

式中　$E_{\max}$——效益最大化目标，元；

　　　$Q_{C,i}$——第 i 个用户销售量，立方米/小时；

　　　$P(Q_{C,i})$——第 i 个用户销售收入，元；

　　　$Q_{R,j}$——第 j 个气源供气量，立方米/小时；

　　　$C(Q_{R,j})$——第 j 个气源供气的可变成本，元；

　　　$Q_{P,k}$——第 k 条天然气管段的输量，立方米/小时；

　　　$C(Q_{P,k})$——第 k 条天然气管段的可变成本，元；

　　　$Q_{S,m}$——第 m 座储气库的注气、采气量或 LNG 接收站的接收、外输量，立方米/小时；

　　　$C(Q_{S,m})$——第 m 座储气库或 LNG 接收站的可变成本，元。

（四）主要约束条件

天然气产运销优化模型的约束条件主要考虑天然气流动过程中的质量守恒、储运设施的物理能力以及外部条件等对模型优化的限制，可根据实际情况增加约束条件，以使产运

销模型的优化结果与实际运行规律相吻合，其主要的约束条件包括质量守恒约束、储运设施物理能力约束以及外部条件约束。

质量守恒约束，主要是保证天然气流入和流出节点、管段、储气库以及LNG接收站的气量平衡。式（2-15）至式（2-17）分别为节点平衡、管段流量平衡、储气库或LNG接收站流量平衡计算式：

$$\sum Q_{N,n,\text{in}} + \sum Q_{N,n,\text{out}} = 0 \quad (2\text{-}15)$$

$$Q_{P,k,\text{in}} - Q_{P,k,\text{out}} - Q_{P,k,\text{c}} = 0 \quad (2\text{-}16)$$

$$Q_{S,m,\text{in}} - Q_{S,m,\text{out}} = V_S \quad (2\text{-}17)$$

式中 $Q_{N,n,\text{in}}$、$Q_{N,n,\text{out}}$——分别为流入、流出第 n 个节点的天然气气量，立方米/小时；

$Q_{P,k,\text{c}}$——第 k 条管段的自耗气量，立方米/小时；

V_S——储气库或LNG接收站储罐储气量的变化值，立方米/小时。

储运设施物理能力约束主要是限定管道和储气库的工作能力。其中，管段约束条件为

$$Q_{P,k,\text{min}} \leqslant Q_{P,k} \leqslant Q_{P,k,\text{max}} \quad (2\text{-}18)$$

储气库或LNG接收站的约束条件为

$$Q_{S,m,\text{in,min}} \leqslant Q_{S,m,\text{in}} \leqslant Q_{S,m,\text{in,max}} \quad (2\text{-}19)$$

$$Q_{S,m,\text{out,min}} \leqslant Q_{S,m,\text{out}} \leqslant Q_{S,m,\text{out,max}} \quad (2\text{-}20)$$

$$V_{S,\min} \leqslant V_S \leqslant V_{S,\max} \quad (2-21)$$

外部条件约束,主要是限定气源供应量和天然气用户销售量。天然气客户约束、气源约束分别为

$$Q_{C,i,\min} \leqslant Q_{C,i} \leqslant Q_{C,i,\max} \quad (2-22)$$

$$Q_{R,j,\min} \leqslant Q_{R,j} \leqslant Q_{R,j,\max} \quad (2-23)$$

(五)模型功能

以资源为基础,优化销售方案。在资源量不变的前提下,优化天然气销售方案和流向,适用于销量增长快、资源供应偏紧的系统。

以销售为基础,优化资源供应方案,适用于销量增长缓慢、资源供应宽松的系统。

资源和市场统筹优化。在资源供应范围和市场销售区间内,以天然气业务整体效益最大化为目标,统筹优化资源供应方案和市场销售方案,适用于资源来源和销售市场不确定性较大的系统。

管道建设时序和宏观线路方案优化。在资源供应和销售安排均已确定的情况下,分析管输通道的输量需求,结合现有通道能力,优化管道新建或增输改造规模和时序。对于规划新建管道的不同线路走向方案,可进行整体效益对比和优选。该模型主要适用于工作计划安排和规划部署等。

总的来说,该模型有效地将产运销环节有机结合起来,在一定程度上实现了天然气产业链的总效益最大化。但该模型是一个静态的、短时效的、完全以经济效益指标为目标而

缺乏企业社会责任体现的产运销协同优化方案。其储气库天然气储备是一个被动接受方案，不能体现储气库注采天然气对全局优化的效用和对企业社会责任的履行。从求解效果上分析，该模型在管网输配能力、储气库储备和注采气能力有冗余时，能够实现高效求解，但在产销结构和管网结构适应性较差时，很难实现模型求解，缺乏灵活性和有效性。

第三章 天然气产业链协同优化建模及求解

　　天然气产业链体系的建立和运行是一个开放的复杂大系统。从系统论和系统工程的观点出发，搞好天然气产业链体系的建设和运行，需要对气区的储量、产能和产量的总规模、气田的采气速度和稳产年限、气井的产能、管线和管网的输送能力、储气库的调峰能力、用户的用气量等因素进行整体优化，以保障长期、稳定、安全供气。若以短视的、各自为政的、评价体系不明的、非全局优化的产运储销方案进行资源的调配，可能造成严重的资源浪费，甚至由于原本可以通过优化而避免的天然气短缺导致社会经济的损失和震荡。因此，必须依托强大的技术支撑进行产运储销协同优化，实现确保供应安全和降本增效的双重目标。

第一节　天然气产业链协同优化问题概述

　　由于天然气自身特性，其生产、输送、储备、销售过程的协同优化研究具有重大的理论意义和经济价值。天然气产、运、销在时间上具有高度一致性，调峰储备则解决了周期性的产销不匹配问题。一方面，天然气产业链在自然属性上一体化程度高；另一方面，受到气源供气能力、管道输气能力、储气库注采气能力、用户用气量波动等因素的限制和影响。科学安排产能、管网投资以及分配天然气流量,将天然气合理地输配给用户,产生最大的经济和社会效益,是天然气产业链协同优化研究的根本目的。其技术实质是约束条件下的天然气运输系统优化调配问题,涉及技术以运输、物流理论与优化方法为主,供应链优化理论、技术经济理论与方法为辅。

图3-1展示了三种常见的天然气管网结构类型——线状、树状和环形管网结构。相对而言,前两种管网结构常用于长输干线和其主要分支的管网资源配置(如复线产能建设)和动力配置(如压缩机配置)等优化问题。也就是说,在非环状(或者非网状)结构的天然气管网环境下,研究的问题一般是针对已知输送任务——从管网上游到干线和各分支终端的天然气流量,优化管网和动力配置使得总成本最小。

天然气产业链协同优化问题技术要点说明如下:

(1)模型参数。

集合包括:① 供应点集合,包含天然气生产气田、外部气源下载节点;② 需求点集合,包括各地各类需求;③ 管道连接或交叉点集合;④ 储气库集合;⑤ 投资管道可选集合,一种是新建管线,另一种是管段扩容。

参数包括:① 拓扑结构模型相关参数(如管段输送能力上限、单位输气量的管输成本、固定投资成本);② 生产供应参数(如供应能力、供应成本);③ 需求参数(如需求量、价格、满足率要求);④ 储气库参数(如初始气量、期末安全库存、容量、注采气能力、注采气成本)。

(a) 线型拓扑结构

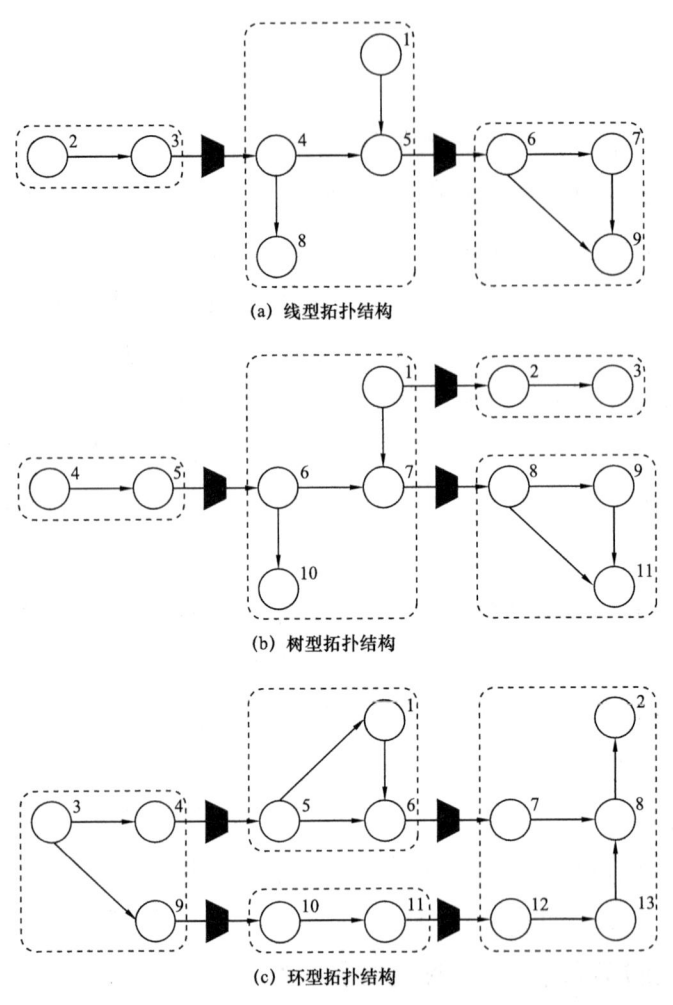

(b) 树型拓扑结构

(c) 环型拓扑结构

图 3-1 天然气管网结构类型示意图

（2）优化目标。

第一层，在已知产销结构、管输网络和储气库调峰能力的条件下，制定产销方案并优化调配路径。以企业利润和社会福利加权和最大化为目标，安排生产和供应。

第二层，在动态变化的产销结构条件下，规划中长期管道投资方案，以实现管输能力和产销结构及数量的匹配。

第三层，在各种外输气结构条件下，寻找最优化产销布局、管网投资和天然气调配，实现综合绩效体系下效益最大化。

（3）约束条件。

① 储气库注/采气量与管径流量之间的守恒关系。储气库注入天然气的量等于与之连接的管道流向其的总气量；采出天然气的量等于其流向与之连接的管道的总气量。注/采气要限制在储气库注/采气能力范围之内。任何时间点储气库累计注气量与采气量之差加上初始气量要小于储气库储气能力。任何时间点储气库累计注气量与初始气量之和大于累计采气量。

② 气源供应量不能超过其能力约束，即气源流向与之连接的管道的总气量不能超出产能。

③ 各需求点被满足的量与管径流量之间的守恒关系，即与需求点连接的管道流向该需求点的天然气总量等于当期需求与被满足率的乘积。每个时期各需求点的需求满足率必须达到最低保供要求。

④ 各个管网交叉节点，天然气进出流量必须守恒，即与节点连接的管道流向该点的天然气总量等于该点流向与之连接管道天然气总量。节点之间的天然气输送量不能超过现有管道与被选中建设管道在当期的状态条件下的总输送能力。

⑤ 管径方案状态转移方程：当期某管道投资状态是上期

状态与决策共同决定的。

⑥其他约束。

第二节 天然气产业链协同优化网络拓扑结构分析

一、网络拓扑结构要素分析

天然气生产气源、管网节点、储气库节点、用户节点和管线等元素共同构建出天然气协同优化网络拓扑结构模型。

（一）气源

各生产气源及外部气源下载节点均以不同的成本和价格向中下游供应天然气，各气源节点有供应能力限制，所有气源节点需要同中下游（针对如管网输送能力限制等特征）统筹协调，以优化其生产和供应的经济效益。

川渝地区的天然气勘探开发区域包括四川盆地和西昌盆地，主要在四川盆地。四川盆地横跨四川和重庆两省市，为我国大型克拉通叠合含气盆地，盆地内天然气资源丰富，地质条件复杂，表现为"三多"——层系多、类型多、领域多；"三高"——高温、高压、高含硫；"三低"——低孔、低渗透、低丰度的基本特征。

川渝地区天然气资源包含重庆、川南、川中、川西北、川东北五大矿区。川渝地区天然气勘探开发企业有两大公司，勘探开发的资源包括常规天然气、非常规天然气、合作区块三类。

川渝地区天然气产业链协同优化模型依赖于物理拓扑结构模型的建立，气源点是其中核心的一环。作为战略层面的优化决策，模型更多关注于集输节点这一粒度的数据。干线网络中的进气站场是井口天然气进行脱硫等一系列处理后最终被导入输气干线的交叉节点，在模型中设为输气起始节点。

（二）需求点

各需求节点以一定（相同的或不同的）的天然气销售价格获得天然气供应。由于天然气需求性质不同，出于居民用气的社会效益，这部分天然气需求应当被满足；而工业用气等类型则应当重点考量经济效益，因此为需求设置满足率决策变量；供应东部等域外地区天然气需求的下载节点，由于这些地区管网并不包含于川渝管网，所以以总量和均价的方式体现其需求特征。

以行政区划或显著的市场集合为单位设置需求节点的分布，最好有大客户的独立需求节点。此外，需求点还包括外部需求的汇总点。图 3-2 是川渝地区天然气需求点分布示意图。

（三）管网

管网由管段和管网连接或交叉节点构成，每一管段具备运输成本、输送能力限制等属性；管网连接或交叉节点处则需要保持进出流量的守恒。川渝地区天然气输配管网干线网络如图 3-3 所示。

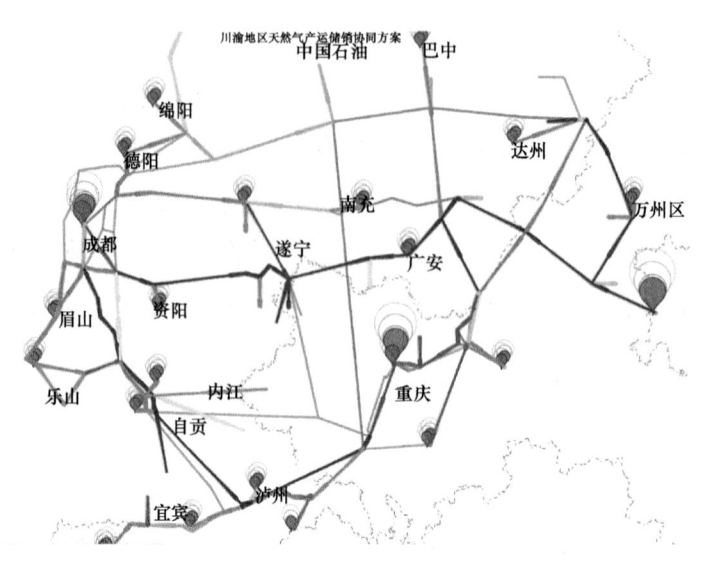

图 3-2 川渝地区天然气需求点分布示意图

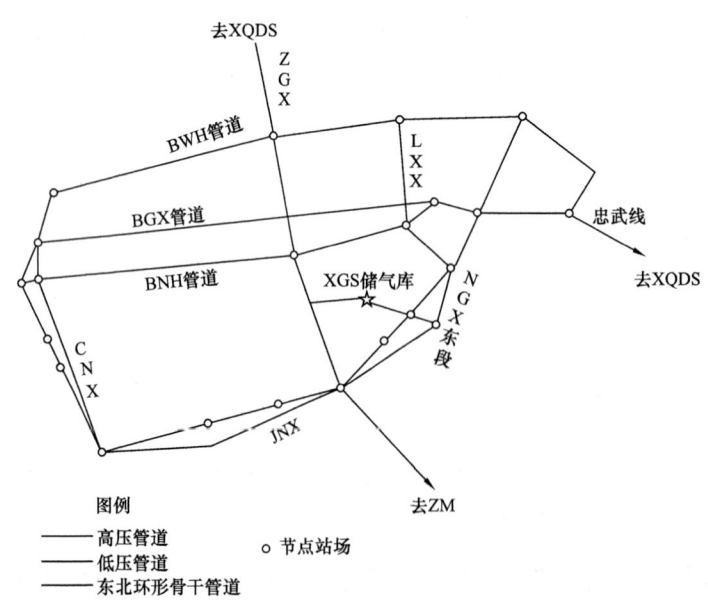

图 3-3 川渝地区天然气输配管网干线网络

管网交叉点是实现流量分配调度的核心，对应现实中的分输站等设施集合，某天然气流在管网交叉点可以实现分流、合并等操作。

（四）调峰储气库

调峰储气库在天然气消费低谷时注入天然气，天然气消费高峰时采出满足需求。这里的调峰主要针对季节性需求变动，粒度确定为月或季度需求量。

XGS储气库系西南地区首座地下储气库，属国家天然气骨干管网中贵联络线配套工程。设计总库容量42.6亿立方米，日采气处理能力2855万立方米。截至2018年3月，是中国注采能力最大、日调峰采气量最高的储气库。此外，川渝地区未来还将形成"两库"的天然气储备和调峰有利态势。

（五）天然气流

上述内部气源、外部气源下载节点等各类供应点、需求点和交叉点在拓扑结构中都表现为起点或讫点，它们之间通过弧连接，弧对应管道中的天然气流。图3-4中箭头所指方向代表天然气流的方向，线段颜色越深代表流经管网天然气流量越大。

并行管线（相同起讫点）的天然气流被合并处理，能力限制为管道能力总和。若在管网数据详细完善的情况下，也可作类似处理，以达到着眼核心问题，缩小问题规模目的。

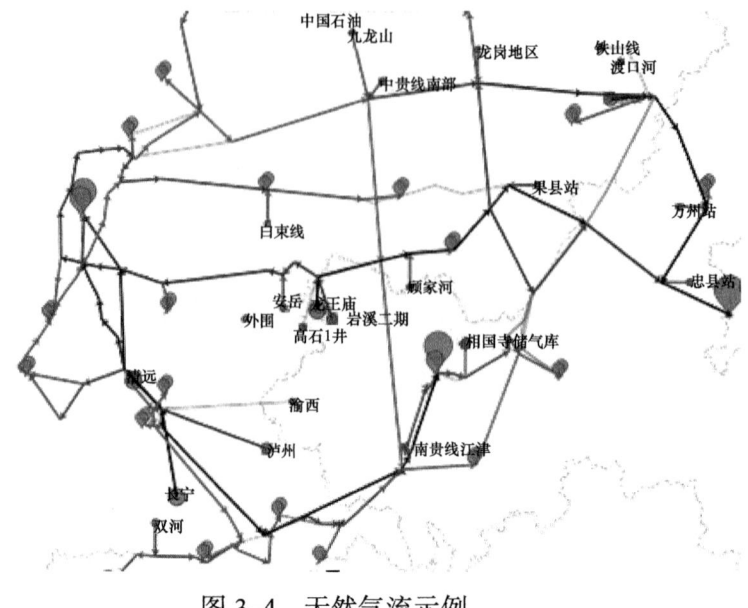

图 3-4　天然气流示例

二、协同优化主控因素分析

（一）骨干管网

骨干管网将承担绝大部分天然气调配任务，骨干管网的各项参数将对天然气产业链协同优化决策造成根本性影响。而诸如地区性管网、企业专线管道、城市供气管道等设施，粒度太小，对宏观决策不会产生根本性影响。在数据质量允许的条件下（包括完善的产销数据，精细的管网拓扑结构和相关数据），利用模型进行细粒度的运输优化也是可行的。

天然气骨干管网主要在以下几个方面决定和制约着产运储销协同优化方案：

（1）连通情况。

两条不同管线，只有存在交汇点的情况下，才能充分协调两者的输配方案，实现天然气流的分流或合并。与其他管线连通性好的管道在输配方案中能够具备更灵活使用的价值，在产销结构动态变化的过程中也能更稳定发挥其价值。

（2）输送能力。

管道输送能力是否与产销动态结构相适应。

（3）管输成本。

管输成本可以是具体的管输运营成本，也可以是限制整体周转量的惩罚项参数，视具体数据质量决定。

（4）固定投资成本和折旧期限。

天然气管网需要随着产销结构的动态变化而不断投入新的基础设施建设成本。老气田的减产、新气田逐渐步入高产阶段、整体产能随需求不断提升等动态变化将导致新的管输结构需求，也必然导致增加新的固定投资。如果能够准确预估未来各阶段（近期、中期、远期）的产销结构变化，则可以综合评价得出投资回报率更高的管网投资建设方案。

在战略决策的研究背景下，以骨干管网为研究对象，除了针对已经建成的天然气干线管网外，还需要考虑规划的在预期时段内可以投入使用的输气干线，这些线路大多会在一定规划期内实施甚至完成建设，对部分节点间的输气能力、反应时间等将产生根本性影响，会对天然气产业链协同优化方案造成极大影响。

（二）气源点

1. 地理位置

天然气生产地和销售地不匹配导致了天然气管输能力建设的必要性。气源点地理位置的分布以及其对应的产能，是影响天然气产业链协同优化方案的最根本因素之一。

2. 建设和运营成本

由于在诸多参数上的差异会具有不同的建设和运营维护成本，或者气体成分质量的差异，最终导致了气源综合成本的差异。

3. 生产能力限制

气田的产气能力各有差异，所有气田的产能决定了天然气产运储销最上游供应结构的可能性。

（三）需求点

1. 需求分布和需求量

需求的分布状况同生产分布情况共同决定了天然气输配方案，其动态变化也决定了管网投资建设方案，同时，需求还进一步影响产能的投资建设。川渝城市群中，成都、重庆及川南是三大核心需求点，即成都及川西天然气市场需求区、重庆及川东天然气市场需求区和川南及云贵天然气市场需求区，三大区域产生了川渝地区一半以上的天然气需求量，其他诸多地区也有着较高的天然气需求水平。

A公司修订完善了完善的天然气营销系统，拥有国内最成熟的天然气利用市场。其天然气的利用市场包括四川省、重庆市、云南省昭通市与贵州省赤水市需求量如图3-5所示，以及通过ZWX供应的湖南、湖北地区。天然气的用户包括四川省、重庆市、云南省、贵州省四省市的千余家大中型工业用户，拥有1500多万户居民家庭用户、1万多家公用事业用户。

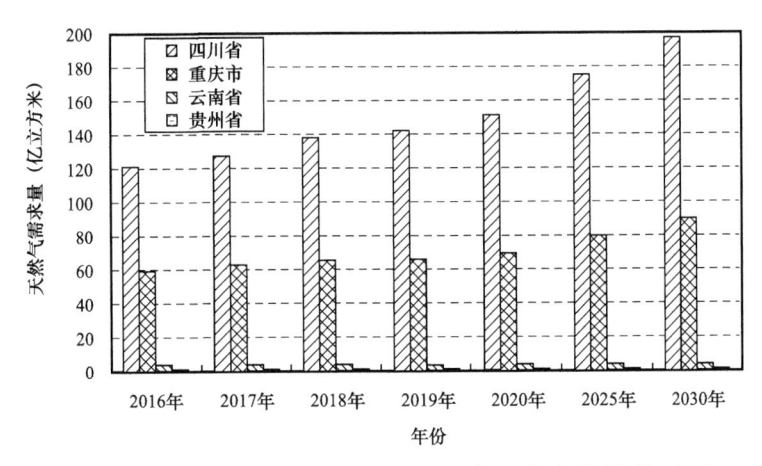

图3-5 川渝及云贵地区天然气需求动态变化趋势预测

2. 需求波动

天然气需求存在明显的周期性波动（夏季用气需求低，冬季用气需求高，如图3-6所示），形成了调峰需求，对储备和输配方案而言是重要的影响因素。

3. 需求分类

不同类别的天然气需求在保供等级、需求价格等方面存在明显差异。保障民生用气是能源企业的首要任务，关乎社会民生和政治稳定，工业用气等则是社会经济发展的重要保障。

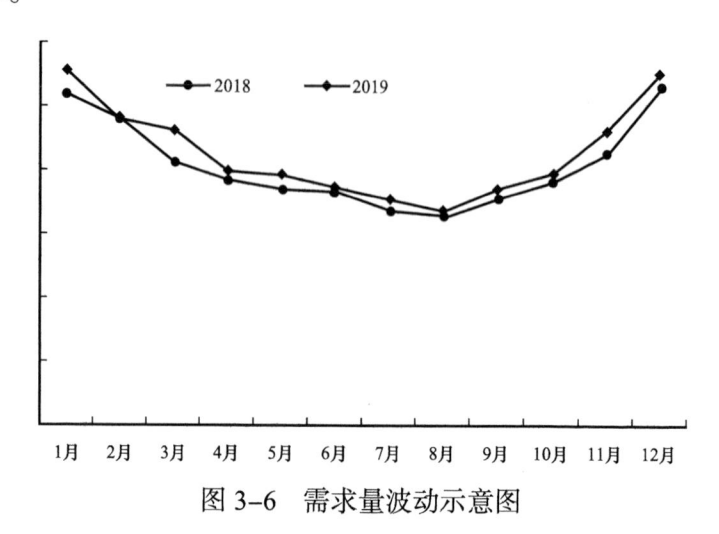

图 3-6　需求量波动示意图

川渝及云贵地区天然气需求量在一般工业（燃料）、城市燃气和化工（原料、燃料）行业所占比例较大（图 3-7）。总

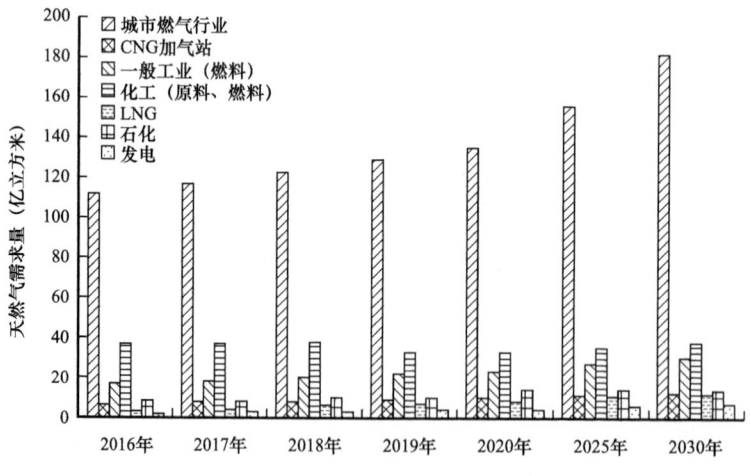

图 3-7　川渝及云贵地区用气结构比例趋势预测

体来说，一般工业与城市燃气行业用气量按一定比例稳定增长，结构比例较为稳定，由于传统化肥、化工企业用气量将大幅度减少，因此化工行业用气结构比例将随之减小。

4. 价格水平

天然气供应链方面的巨大资本投入，最终都依赖于天然气销售实现投资回报。各地各类需求的价格水平是产运储销协同优化的重要影响因素。

(四) 储气库

1. 地理位置

储备库地理位置影响其辐射范围和保供能力，处于干线管道集中和长输管道附近意味着保供的灵活性和可行性。

2. 注采气成本

储备环节意味着天然气产运销结构中增加了又一项成本支出，只有配套好输配和调峰方案，才能形成最优的产运储销协同优化策略。

3. 注采气能力

储备库注采气能力限制是影响调峰能力的核心要素之一。

4. 储备能力

储气库可采容量有一定能力限制，决定了其调峰或战略储备能力。

5. 功能定位

储气库有战略储备库或调峰储备库的不同功能定位，决定了调峰可采的储量限制。

三、天然气产业链协同优化网络拓扑结构模型

根据上述分析，可建立天然气产业链协同优化网络拓扑结构模型。以川渝地区为例，经过60多年不断地开发建设与市场发展，中国石油和中国石化在川渝地区分别建设了各自的输配气管网体系，形成了国内最健全的区域性蛛网式管网系统：以南、北输气干线为主体，以各气源开发区为依托形成环形输送管网，具有高压输送和低压配送完整、有地下储气库支撑（如XGS储气库）、调配能力强等特点。A公司已建成涵盖天然气产、运、销为一体的管道生产系统，覆盖主要产气区，连接川渝地区主要城市，并通过ZGX和ZWX与全国主要管网相连，成为我国油气战略通道的西南储运枢纽网。整个川渝地区基本形成了"三横、三纵、三环"及"一库"和"高低压分输、输配分离"的特殊天然气输配管网骨架，通过与西气东输、中缅管道等国家环形管网有效衔接，实现国家战略储备、季节调峰和应急供气等功能。并计划进一步形成"五横、三纵、三环"及"一库"的格局。对于这种资源禀赋和需求市场广泛分布、在典型而且复杂的环状管网实现产运储销整个供应流程的畅通运行，则需要进一步研究。图3-8展示了川渝地区天然气骨干管网的拓扑结构。

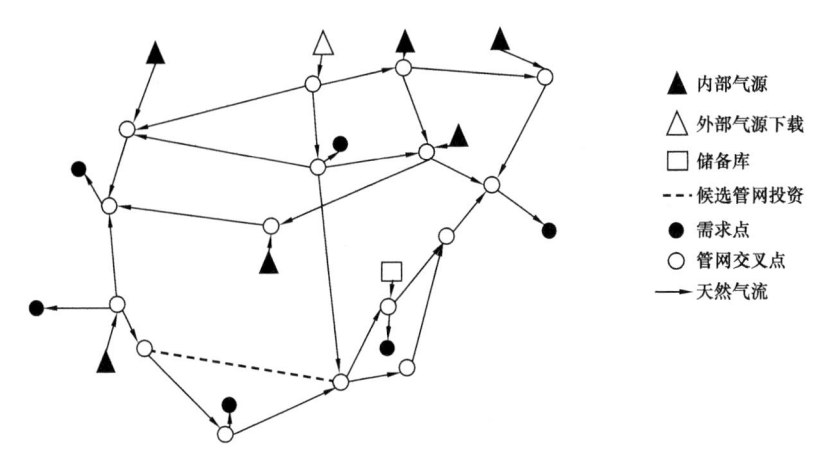

图 3-8　川渝地区天然气骨干管网拓扑结构图

图例：
▲ 内部气源
△ 外部气源下载
□ 储备库
--- 候选管网投资
● 需求点
○ 管网交叉点
→ 天然气流

第三节　天然气产业链协同优化模型

一、问题描述

天然气产运储销业务有以下主要特点：

（1）上、中、下游各环节必须紧密衔接、协调一致；

（2）供气量取决于市场需求，而影响天然气的市场需求的因素多元化；

（3）资源勘探、产能建设、管道建设和储气设施建设必须提前安排计划，同时基于供应安全，需要协调应急方案的准备；

（4）天然气固定成本投入大、运行费用高，规划方案的优化潜力大；

（5）必须保证客户用气需求，特别是不可中断客户，否则将造成巨大的经济、社会甚至政治影响。

天然气产业链协同优化研究目的在于确保产运销平衡，使天然气产业链价值实现"最大化"。川渝管网通过ZGX和ZWX与全国管网连接，形成"川气自用、外气补充、内外互通、战略储备"的格局，具备产运储销协同优化的先天优势条件。

本书构建的天然气产业链协同优化模型适用但不仅限于为川渝地区天然气产业链协同优化提供参考，该模型具有如下特性。

（1）管网完整性。

模型全面考虑了内外部的天然气供应源、现有或规划的输气干线和储气库，实现了不同类型需求节点（包括居民天然气和非居民天然气，并且可以根据数据细分程度划分到直供客户、其他工业用气客户等各类需求点），构建了完整的输气干线网络。

（2）财务指标全面性。

最大化目标函数中全面考虑了满足各类需求带来的销售收入、管道固定投资建设费用、生产输配和调峰储备等方面运营成本等。其中，固定投资和销售收入或者运输成本存在显著的背反效应；调峰储备受到内部气田产能、外部气源供应、需求波动、管输能力等方面的综合作用。

（3）充分考量了社会福利。

天然气产运储销不仅仅受到经济指标的影响，更是关于全民社会福利的重要资源分配利用的重大决策事项。民用天然气事关民生福祉和社会稳定，区域性的产业对能源的巨大需求，川渝地区内部用气与外输天然气各部分之间的协调都是需要充分考虑和最终作为决策依据的。模型提供了需求满足率（最低保供需求）下限和天然气短缺惩罚系数作为社会福利协调的重要接口，可以给决策者提供充足的决策柔性。

（4）决策周期合理性。

由于固定投资回报周期长，属于战略性决策，数据需求粒度较粗但对中长期预期数据有需求；调峰储备通常至少考虑一年的供需波动，属于运营中的短中期决策；而天然气输配更倾向于作业层面短期甚至实时决策。作为产、运、储、销协同优化决策，模型具有充分的决策弹性。一方面，模型可以在较粗粒度的中长期产销数据和备选管道投资建设方案的条件下进行战略决策和制订概览性的输配和储备方案；另一方面，也可以在细粒度的数据条件下做出运营和作业层面的决策。两类决策之间的显著关联就在于管道投资与产运储销方案形成的背反效应。

（5）约束完整性和合理性。

模型考虑了产运储销各个环节的相互作用关系，确保了协同优化方案的意义完整性、全面性和合理性。

（6）方案全局最优性。

模型以最大化绩效为目标，能够协调生产、管道运输、调峰储备、各地销售上中下游获得全局最优决策方案。

（7）战略决策阶段性和可拓展性。

由于气源和市场在各个时期处于动态变化之中，模型作为战略决策工具时，针对的是较长一段时期内产运储销，尤其是包含了管道投资建设方案和调峰保供方案的决策。当状态发生变化后，在已有管道基础设施条件和新产销格局的情况下，模型能够得出新的产运储销以及建设方案。

总的来讲，研究将物流建模方法引入到能源供应与安全战略宏观政策决策中，决策人员可以通过模型求解天然气生产、输配、储备、销售和管网投资建设的最优方案，具备更强的宏观全局把控能力。

针对各个天然气产需的不同情景，以销售收入与新增天然气固定设施建设投资成本、运营成本及天然气流量分配的输送成本构成的利润与社会福利综合绩效最大化为目标，建立混合整数线性规划（MILP）模型，同时满足供应量能力限制、需求量需求限制、天然气流量守恒约束、输配能力限制、储备能力限制等。

二、符号定义

将天然气产业链协同优化网络抽象成为一个由天然气生产气田、外部气源下载节点、调峰储备库、用气市场、输气管道交叉等节点集 V 和其构成的边集 E 组成的有向图 $G=(V, E)$，$i,j,k \in V$，$(g,h) \in E$，以此为基础构建天然气供需网络。

（一）集合

S——供应点集合，包含天然气生产气田、外部气源下载节点；

D——需求点集合，包括各地各类需求；

J——管道连接或交叉点集合；

C——储气库集合；

T——时间段集合，即整个计划期；

Y——每年计划周期集合，例如季度、月份等；

P——投资管道可选集合，一种是新建管线，另一种是管段扩容；

Φ——投资管道类型集合，主要是不同管径，其对应不同的固定投资和运输能力；也可以直接视为代表所有特征集合的建设方案而不限于管径标准。

(二) 参数

（1）供应参数：

Q_{it}^s——气源 i 在 t 时期的供应能力，$i \in S, t \in T$；

c_{it}^s——气源 i 在 t 时期天然气单位成本，$i \in S, t \in T$；

（2）需求参数：

d_{jt}——需求点 j 在 t 时期需求量，$j \in D, t \in T$；

l_j——需求点 j 需求满足率下限，依赖于需求点的类型或保供优先等级的划分，$j \in D$；

p_{jt}——需求点 j 在 t 时期天然气价格，$j \in D, t \in T$；

（3）储气库参数：

Q_i^0——储气库 i 的初始气量，$i \in C$；

$Q_i^{|T|}$——储气库 i 的计划期末安全库存水平要求，$i \in C$；

Q_i^C——储气库 i 的容量上限，$i \in C$；

M_i——储气库 i 的注气能力上限，$i \in C$；

R_i——储气库 i 的采气量能力上限，$i \in C$；

f_i^M——储气库 i 的单位注气成本，$i \in C$；

f_i^R——储气库 i 的采气单位成本（包含储气费用），$i \in C$；

（4）其他参数：

Q_{ij}——管段 (i,j) 输送能力上限，$i \in S \cup C \cup J$, $J \cup C \cup D$, $i \neq j$；

c_{ij}——管段 (i,j) 单位输气量的管输成本，$i \in S \cup C \cup J$, $j \in J \cup C \cup D$, $i \neq j$；也可以是周转量系数；

$Q_{ij\phi}^P$——建设于 (i,j) 设施之间的 ϕ 类型管道的输送能力，$i,j \in J$；

$F_{ij\phi t}$——建设于 (i,j) 设施之间的 ϕ 类型管道的固定成本从建成时间 t 到计划期末的总折旧费用，$i, j \in J, i \neq j, \phi \in \Phi, t \in T$。

（三）变量

（1）投资方案决策变量：

$x_{ij\varphi t}$——管道建设选择变量，$i,j \in J, i \neq j, \varphi \in \Phi, t \in T$，当 t 时期期初在管段 (i,j) 之间完成 φ 类管道建设投资开始投入使用，则 $x_{ij\phi t} = 1$；否则 $x_{ij\phi t} = 0$；

$s_{ij\varphi}^t$——管道投资状态，$i,j \in J, i \neq j, \varphi \in \Phi, t \in T$，当 t 时期期初在管段 (i,j) 之间存在已经投资的 φ 类管道，则 $s_{ij\varphi}^t = 1$；否则 $s_{ij\varphi}^t = 0$；

（2）需求方案决策变量：

需求量满足率 $\alpha_{jt} \in [0,1]$，$j \in D, t \in T$，表示需求点 j 被供应的气量占其当期（t）需求的比例。

（3）输配方案：

q_{ijt}——各管段（i,j）间在 t 时期的输送量，$i \in S \cup C \cup J$，$J \cup C \cup D$，$i \neq j$，$t \in T$；

（4）供给方案决策变量：

q_{it}^s——各气源 i 在 t 时期的供应量，$q_{it}^s = \sum_{j \in J} q_{ijt}$，$i \in S$；

（5）调峰方案决策变量：

m_{it}——t 时期调峰储气库 i 的注气量，$i \in C, t \in T$；

r_{it}——t 时期调峰储气库 i 的采气量，$i \in C, t \in T$。

三、数学模型

天然气产业链协同优化问题目标函数见式（3-1）：

$$\max z = \sum_{t \in T}\sum_{j \in D}\alpha_{jt} d_{jt} p_{jt} - \sum_{i \in S} c_{it}^s \sum_{t \in T}\sum_{j \in J} q_{ijt} - \sum_{t \in T}\sum_{i \in S \cup C \cup J/\{j\}}\sum_{j = J \cup C \cup D} c_{ij} q_{ijt} - \sum_{t \in T}\sum_{i \in C} f_i^M m_{it} - \sum_{t \in T}\sum_{i \in C} f_i^R r_{it} - \sum_{i}\sum_{j}\sum_{\varphi \in \Phi} F_{ij\varphi} |Y| \Big/ |T| \sum_{t \in T} s_{ij\varphi}^t$$

（3-1）

目标函数（3-1）表示供应链整体利润最大化，其中第一项为下游销售收入，第二项为生产成本，第三项为运输成本，第四项和第五项分别为储气库注采气成本，最后一项是固定投资成本。固定投资由于决策期限的原因，进行了折旧处理，以保证决策周期和成本项在时间上保持一致。

天然气产业链协同优化模型包括如下约束条件。

（1）注气定义公式：

$$m_{jt} = \sum_{i \in J} q_{ijt}, \forall j \in C, \forall t \in T \qquad (3-2)$$

约束条件（3-2）表示储气库注气量与管径流量之间的守恒关系，即储气库注入天然气的量等于与之连接的管道流向其的总气量。

（2）采气定义式：

$$r_{jt} = \sum_{i \in J} q_{jit}, \forall j \in C, \forall t \in T \qquad (3-3)$$

约束条件（3-3）表示储气库采气量与管径流量之间的守恒关系，即储气库采出天然气的量等于其流向与之连接的管道的总气量。

（3）生产能力约束：

$$\sum_{j \in J} q_{ijt} \leqslant Q_{it}^{s}, \forall i \in S, \forall t \in T \qquad (3-4)$$

约束条件（3-4）表示气源供应量不能超过其能力约束，即气源流向与之连接的管道的总气量不能超出产能。

（4）需求满足情况：

$$\sum_{i \in J} q_{ijt} = \alpha_{jt} d_{jt}, \forall j \in D, \forall t \in T \qquad (3-5)$$

约束条件（3-5）表示各需求点需求被满足的情况，即与需求点连接的管道流向该需求点的天然气总量等于当期需求与被满足率的乘积。

（5）流量守恒式：

$$\sum_{i\in S\cup J\cup C} q_{ijt} = \sum_{i\in D\cup J\cup C} q_{jit}, \forall j \in J, \forall t \in T \qquad (3-6)$$

约束条件（3-6）表示在各个管网交叉节点，天然气进出流量必须守恒，即与节点连接的管道流向该点的天然气总量等于该点流向与之连接管道天然气总量。

（6）累计净注气量约束：

$$Q_i^0 + \sum_{t=0}^{k}(m_{it} - r_{it}) \leqslant Q_i^C, \forall i \in C, \forall k \in T \qquad (3-7)$$

约束条件（3-7）表示任何时间点储气库累计注气量与采气量之差加上初始气量要小于储备库储备能力。

（7）注采气量约束：

$$Q_i^0 + \sum_{t=0}^{k}(m_{it} - r_{it}) \geqslant 0, \forall i \in C, \forall k \in T \qquad (3-8)$$

约束条件（3-8）表示任何时间点储气库累计注气量与初始气量之和大于累计采气量。

（8）期末安全库存约束：

$$Q_i^0 + \sum_{t=0}^{|T|}(m_{it} - r_{it}) \geqslant Q_i^{|T|}, \forall i \in C \qquad (3-9)$$

约束条件（3-9）表示计划期末储气库累计注气量与初始气量之和大于安全库存水平。

（9）满足率下限约束：

$$\alpha_{jt} \geqslant l_j, \forall j \in D, \forall t \in T \qquad (3-10)$$

约束条件（3-10）表示每个时期各需求点的需求满足率

必须达到最低保供要求。

（10）满足率范围：
$$\alpha_{jt} \in [0,1], \forall j \in D, \forall t \in T \quad (3-11)$$

（11）采气能力约束及范围：
$$0 \leqslant m_{it} \leqslant M_i, \forall i \in C, \forall t \in T \quad (3-12)$$

（12）注气能力约束及范围：
$$0 \leqslant r_{it} \leqslant R_i, \forall i \in C, \forall t \in T \quad (3-13)$$

（13）管道输送能力约束：
$$q_{ijt} \leqslant Q_{ij}/|Y| + s_{ij\phi}^t \cdot Q_{ij\phi}^P/|Y| + s_{ji\phi}^t \cdot Q_{ji\phi}^P/|Y|, \forall i,j \in J, i \neq j, \forall \phi \in \Phi, t \in T \quad (3-14)$$

（14）管径方案状态转化公式：
$$s_{ij\phi}^t = s_{ij\phi}^{t-1} + x_{ij\phi t}, \forall i,j \in J, i \neq j, \forall \phi \in \Phi, t \in T \quad (3-15)$$

（15）管径方案约束公式：
$$\sum_{t \in T}\sum_{\phi \in \Phi} x_{ij\phi t} \leqslant 1, \forall i,j \in J, i \neq j \quad (3-16)$$

（16）管径方案选择定义公式：
$$x_{ij\phi t}, s_{ij\phi}^t \in \{0,1\}, \forall i,j \in J, i \neq j, \forall \phi \in \Phi, t \in T \quad (3-17)$$

$x_{ij\phi t}$ 属于 0～1 范围的变量，$s_{ij\phi}^t$ 可以被进一步松弛为连续型变量 $s_{ij\phi}^t \in [0,1]$。

四、模型转化

添加惩罚项 e_i：i 需求点最低保供需求未被满足时，单位短缺气量的惩罚系数,是一个足够大的大数,使得短缺会付出极大的成本。

添加惩罚项的目的在于解决模型缺乏可行解导致的问题。由于天然气产销结构处在不断地变化过程中,而天然气产业链协同优化决策又是一个长期的战略决策,假如提供的建设投资方案数据不够充分,则可能导致不存在可行的输配方案能够满足所有需求点的保供最低要求。在这种情况下,模型倘若不能提供有效解,也就不能展示产运储销系统所存在的瓶颈之所在,失去了这部分功能和意义。为克服这一不足,需要对模型进行少许变化,使之能够在严苛的数据条件下发挥分析系统瓶颈等功能,为决策者提供更多决策支持。

添加惩罚项之后,增加变量 w_{it} 用来表示需求点 i 在 t 时期的天然气需求被满足率低于最低满足率 l_i 的值,则模型可转化为

目标函数:

$$\max z = \sum_{t\in T}\sum_{j\in D}\alpha_{jt}d_{jt}p_{jt} - \sum_{i\in S}c_{it}^s\sum_{t\in T}\sum_{j\in J}q_{ijt} - \\ \sum_{t\in T}\sum_{i\in S\cup J/\{j\}}\sum_{j=J\cup C\cup D}c_{ij}q_{ijt} - \\ \sum_{t\in T}\sum_{i\in C}f_i^M m_{it} - \sum_{t\in T}\sum_{i\in C}f_i^R r_{it} - \\ \sum_i\sum_j\sum_{\phi\in\Phi}F_{ij\phi}{|Y|}\Big/{|T|}\sum_{t\in T}s_{ij\phi}^t - \sum_{i\in D}e_i\sum_{t\in T}w_{it}d_{it} \quad (3-18)$$

目标函数(3-18)需满足前述注气、采气、生产能力等

14项约束条件，即式（3-2）至式（3-8）和式（3-11）至式（3-17）。

此外，替换满足率下限约束为

$$\alpha_{jt} + w_{jt} \geq l_j, \forall j \in D, \forall t \in T \quad (3\text{-}19)$$

$$w_{jt} \geq 0 \quad (3\text{-}20)$$

约束条件（3-19）意味着当满足率 $\alpha_{jt} \geq l_j$ 时，$w_{jt} = 0$，因为要避免目标函数中最后一项对整体利润造成的损失；当 $\alpha_{jt} < l_j$ 时，$w_{jt} = l_j - \alpha_{jt}$。

当惩罚项 e_i 足够大时，能够避免这样的策略解——即模型会选择倾向于满足以抵消惩罚的较高利润的需求点，而放弃本应该保障最低需求的利润洼地，放弃了该承担的社会责任。

此外，上述模型在中长期战略决策上可以基于粗粒度数据进行管道投资决策，这一决策变量使得模型从简单的线性规划变为较为复杂的混合整数规划，带来了一定的求解难度。实际上，在通过原模型求解得到投资决策后的大多数产运储销决策应用中，模型可以不再考虑投资变量，这为求解带来了便利，尤其是当输入精细的管网拓扑结构数据、详细的生产数据、精细的需求数据时，即便是大规模的求解，一般线性求解器也足以应付。

将获得的最优投资方案作为参数加入管网结构数据后，求解一般产运储销协同优化的模型可以简化为以下状态：

目标函数：

$$\max z = \sum_{t\in T}\sum_{j\in D}\alpha_{jt}d_{jt}p_{jt} - \sum_{i\in S}c_{it}^s\sum_{t\in T}\sum_{j\in J}q_{ijt} - \sum_{t\in T}\sum_{i\in S\cup C\cup J/\{j\}}\sum_{j=J\cup C\cup D}c_{ij}q_{ijt} -$$

$$\sum_{t\in T}\sum_{i\in C}f_i^M m_{it} - \sum_{t\in T}\sum_{i\in C}f_i^R r_{it} - L\sum_j\sum_t w_{jt}$$

(3-21)

约束式:

$$m_{jt} = \sum_{i\in J}q_{ijt}, \forall j\in C, \forall t\in T \tag{3-22}$$

$$r_{jt} = \sum_{i\in J}q_{jit}, \forall j\in C, \forall t\in T \tag{3-23}$$

$$\sum_{j\in J}q_{ijt} \leqslant Q_{it}^s, \forall i\in S, \forall t\in T \tag{3-24}$$

$$\sum_{i\in J}q_{ijt} = \alpha_{jt}d_{jt}, \forall j\in D, \forall t\in T \tag{3-25}$$

$$\sum_{i\in S\cup J\cup C}q_{ijt} = \sum_{i\in D\cup J\cup C}q_{jit}, \forall j\in J, \forall t\in T \tag{3-26}$$

$$Q_i^0 + \sum_{t=0}^{k}(m_{it}-r_{it}) \leqslant Q_i^C, \forall i\in C, \forall k\in T \tag{3-27}$$

$$Q_i^0 + \sum_{t=0}^{k}(m_{it}-r_{it}) \geqslant 0, \forall i\in C, \forall k\in T \tag{3-28}$$

$$Q_i^0 + \sum_{t=0}^{|T|}(m_{it}-r_{it}) \geqslant Q_i^{|T|}, \forall i\in C \tag{3-29}$$

$$\alpha_{jt} + w_{jt} \geqslant l_j, \forall j\in D, \forall t\in T \tag{3-30}$$

$$\alpha_{jt} \in [0,1], \forall j \in D, \forall t \in T \qquad (3\text{-}31)$$

$$0 \leqslant m_{it} \leqslant M_i, \forall i \in C, \forall t \in T \qquad (3\text{-}32)$$

$$0 \leqslant r_{it} \leqslant R_i, \forall i \in C, \forall t \in T \qquad (3\text{-}33)$$

$$q_{ijt} \leqslant Q_{ij}/|Y|, \forall i,j \in J, i \neq j, t \in T \qquad (3\text{-}34)$$

第四节　天然气产业链协同优化模型求解

一、算法简介

一般来说，数学模型被认为是实际问题的高度抽象，一个恰当的模型对问题的正确描述来说是至关重要的，它基本能决定问题解决的成败。此外，对于模型的建立，也要考虑使它易求解，否则即使非常精确的模型，由于实际求解的困难，也会导致问题解决的失败。

对于已经建立的模型，在设计求解算法过程中，需要根据模型的具体特性来设计适宜的算法。根据现实问题抽象出的数学模型一般可归纳为数学规划模型、应用随机模型。对于应用随机模型，一般包括排队模型、库存模型、可靠性模型等，该类问题的求解以数理推导和计算机仿真为主。对于数学规划模型，非线性问题的求解一直是一个难点，也是数值分析的重点。对于某些结构规范的问题，如何求解出精确解在学术界已成为多个研究的焦点，如半定规划、二次规划。对于整数规划或混合整数规划模型，在生产和物流运作中体现的很多，一般具有 NP-hard 特性。在整数变量较多的情况下，此类问题将异常难解，采用精确算法（如分支定界、割平面方法）进行求解都将使其计算时间随变量个数增加而指数递增，因此一般从适用的角度采用智能算法进行迭代求得满意解。此外，从模型求解算法的效率评价上来说，一方面要考虑求得的解的精确性，另一方面也要考虑现实求解过程的时间代价。在时间急迫或者对求解结果精度要求较低的情况下，获得问题的满意解就可以接受。

而本书根据天然气供需—输配拓扑结构抽象的数学模型为一种典型的数学规划模型，在一组约束条件下求解问题的最优解。其中涉及的变量包括网络流实数变量和管网投资建设选择 0—1 整数变量，因此可看作 0—1 混合整数规划模型，在问题规模较小，涉及的整数变量较少时，可以采用枚举法、分支定界、分支定价、割平面等算法思路对整数变量进行处理，求得问题的最优解。然而，在应对规模较为庞大的算例时，要求处理的决策变量较多，采用一般精确算法思想通常难以在有限的时间内获得满意解，甚至不能给出解决方案。

Benders 分解算法是 J.F.Benders 在 1962 年首先提出的，Benders 分解算法将具有复杂变量的规划问题分解为线性规划和整数规划，用割平面的方法分解出主问题与子问题，通过迭代的方法求解出最优值。Benders 分解算法用来计算像整数非线性规划问题和随机规划问题之类的难以计算的难题。理论上来说，Benders 分解算法是能解决大部分的整数规划问题。当然，Benders 分解算法的实际应用并不限于此，A.M.Geoffrion 建立了广义的 Benders 分解，它可以对具有 Benders 分解基本形式的非线性问题求解，对子问题的求解方法也不必一定是线性的。J.F.Benders 设计了一个探索解答具有复杂变量的数学规划问题结构的一个巧妙途径，所谓的复杂变量是指当这些变量先固定时，使得剩下的优化问题（通常为子问题）变得相当容易。在 Benders 考虑的一类特殊问题中，先把复杂变量的值固定，从而将问题规约为一个一般的线性规划问题，当然，这个线性规划问题是以复杂变量为参数的。在 Benders 设计的算法里，利用割平面的方式将线性规划问题作为参变量的函数的极值和使得线性规划问题有可行解的参变量的值的集合很恰当地表达了出来。在该过程中，对偶理论用来推导刻画这些表达式的特征的自然割平面族，而带有参变量的线性规划问题被用来生成割平面。在 1976 年，Florian 将这个算法应用于铁路机车的调度问题。1976 年，Richardson 把这个算法应用于航空路线规划，1974 年 Geoffrion 和 Graves 成功地把这个算法应用于设计工业分配系统。从 1978 年开始，Fisher 和 Jaikumar 就在研究讨论利用这个算法的优势来规划机动车的路线。以上这些应用说明 Benders 分解算法用来解决各种特定的结构化混合整规划问题有很大的优势。

二、模型求解

（一）模型分析

原模型中各天然气供给点（包括从储气库所采的天然气）对所有需求点（包括注入储气库作为储备的天然气）的供给量在管网中形成平衡的网络流，最终使得所有供应点的供应量在管网中的流量分配之和满足所有需求点的需求。由于各供应点在管网中产生一组投资决策 0—1 变量和流量分配实数变量，使得模型的变量随着投资决策变量数量的增加而急剧增大。尤其是 0—1 整数变量的增多会严重影响算法的计算效率，因此本书在对模型分析的基础上，采取了 Benders 分解算法。

利用 Benders 分解原理求解天然气产业链协同规划问题的基本思想是将原问题分解为 1 个整数规划主问题和 1 个线性规划子问题，通过主问题和子问题之间的迭代求解，获得最终的最优解。其中，主问题主要解决管道投资决策，子问题则是解决主问题反馈建设方案条件下的产运储销协同运营的生产、输配、调峰和销售决策。

在主问题中，管道投资决策考虑投资限制条件，以最终利润最大化为目标，确定投资和产运储销的最优投资方案。其中，规划限制因素包括非重复建设的约束条件（也可以视情况增加投资最大数量以及和建设时间等限制条件）。除了规划限制因素，子问题中产生的 Benders 割也作为主问题附加约束条件，对主问题的组合优化状态进行修正。主问题中包含所有的变量，而且所有的限制条件是线性的。主问题是一个整数规划问题。在主问题给定投资决策状态下，天然气产运储销子问题退化为资源分配和最小费用流结合的问题。该子问题以利润与社会福利综合绩效最大化为目标，不仅保证每个节点是流量平衡的，而且满足产销结构、储气库条件等各项限制。子问题产生的 Benders 割和对偶变量的值将被添加到主问题中用以修正主问题优化空间。

（二）模型求解

1. 求解思路

在 Benders 分解结构中，主问题确定最优投资规划，其目标是以最优的资本投入结构得到最大化的绩效。

（1）Master problem（主问题）。

目标函数：

$$\max z = -\sum_i \sum_j \sum_{\varphi \in \Phi} F_{ij\varphi} {|Y|}\Big/{|T|} \sum_{t \in T} s_{ij\varphi}^t + \beta \quad （3-35）$$

约束式：

$$\begin{aligned} \beta \leqslant & \sum_{t \in T}\sum_{j \in D} \alpha_{jt}^{(v)} d_{jt} p_j - \sum_{i \in S} c_i^s \sum_{t \in T}\sum_{j \in J} q_{ijt}^{(v)} \\ & - \sum_{t \in T}\sum_{i \in S \cup C \cup J/\{j\}} \sum_{j \in J \cup C \cup D} c_{ij} q_{ijt}^{(v)} - \sum_{t \in T}\sum_{i \in C} f_i^M m_{it}^{(v)} \\ & - \sum_{t \in T}\sum_{i \in C} f_i^R r_{it}^{(v)} + \sum_i \sum_j \sum_{\varphi \in \Phi} \sum_{t \in T} \lambda_{ij\varphi t}^{(v)} \left(x_{ij\varphi t} - x_{ij\varphi t}^{(v)} \right) \\ & - \sum_{i \in D} e_i \sum_{t \in T} w_{it}^{(v)} d_{it} \qquad v = 1, 2, \ldots, n \end{aligned} \quad （3-36）$$

$$\sum_{t \in T}\sum_{\varphi \in \Phi} x_{ij\varphi t} \leq 1, \forall i,j \in J, i \neq j \quad (3-37)$$

$$s_{ij\phi}^{t} = s_{ij\varphi}^{t-1} + x_{ij\varphi t}, \forall i,j \in J, i \neq j, \forall \varphi \in \Phi, t \in T \quad (3-38)$$

$$x_{ij\phi t}, s_{ij\varphi}^{t} \in \{0,1\}, \forall i,j \in J, i \neq j, \forall \varphi \in \Phi, t \in T \quad (3-39)$$

$$\beta \leq \beta^{upper} \quad (3-40)$$

其中，约束条件式（3-36）表示对每一次迭代的子问题的解，主问题中都有一条约束相对应。约束条件式（3-40）表示 β 不能高于理论上界 β^{upper}。β^{upper} 可以通过求解原问题的松弛问题获得。

（2）Subproblem（子问题）

产运储销运营子问题是资源有效分配和经济高效的输配调度模型，它将检验所求解的可靠性（由于利用了短缺惩罚项对原模型进行修正，主问题反馈的所有解都将是可行解，但是由于惩罚系数较高，主问题将在不断迭代中修正已达到最优状态）。目标函数是基于主问题产生的投资规划状态下的系统运行利润与社会福利综合绩效最大化。

目标函数：

$$\begin{aligned}\max z = &\sum_{t \in T}\sum_{j \in D}\alpha_{jt}d_{jt}p_j - \sum_{i \in S}c_{it}^{s}\sum_{t \in T}\sum_{j \in J}q_{ijt} - \\ &\sum_{t \in T}\sum_{i \in S \cup C \cup J/\{j\}}\sum_{j \in J \cup C \cup D}c_{ij}q_{ijt} - \sum_{t \in T}\sum_{i \in C}f_{i}^{M}m_{it} - \\ &\sum_{t \in T}\sum_{i \in C}f_{i}^{R}r_{it} - \sum_{i \in D}e_{i}\sum_{t \in T}w_{it}d_{it}\end{aligned} \quad (3-41)$$

约束式：

$$m_{jt} = \sum_{i \in J} q_{ijt}, \forall j \in C, \forall t \in T \qquad (3\text{-}42)$$

$$r_{jt} = \sum_{i \in J} q_{jit}, \forall j \in C, \forall t \in T \qquad (3\text{-}43)$$

$$\sum_{j \in J} q_{ijt} \leqslant Q_{it}^s, \forall i \in S, \forall t \in T \qquad (3\text{-}44)$$

$$\sum_{i \in J} q_{ijt} = \alpha_{jt} d_{jt}, \forall j \in D, \forall t \in T \qquad (3\text{-}45)$$

$$\sum_{i \in S \cup J \cup C} q_{ijt} = \sum_{i \in D \cup J \cup C} q_{jit}, \forall j \in J, \forall t \in T \qquad (3\text{-}46)$$

$$Q_i^0 + \sum_{t=0}^{k}(m_{it} - r_{it}) \leqslant Q_i^C, \forall i \in C, \forall k \in T \qquad (3\text{-}47)$$

$$Q_i^0 + \sum_{t=0}^{k}(m_{it} - r_{it}) \geqslant 0, \forall i \in C, \forall k \in T \qquad (3\text{-}48)$$

$$Q_i^0 + \sum_{t=0}^{|T|}(m_{it} - r_{it}) \geqslant Q_i^{|T|}, \forall i \in C \qquad (3\text{-}49)$$

$$\alpha_{jt} + w_{jt}^{(v)} \geqslant l_j, \forall j \in D, \forall t \in T \qquad (3\text{-}50)$$

$$\alpha_{jt} \in [0,1], \forall j \in D, \forall t \in T \qquad (3\text{-}51)$$

$$0 \leqslant m_{it} \leqslant M_i, \forall i \in C, \forall t \in T \qquad (3\text{-}52)$$

$$0 \leqslant r_{it} \leqslant R_i, \forall i \in C, \forall t \in T \qquad (3\text{-}53)$$

第三章 天然气产业链协同优化建模及求解

$$q_{ijt} \leqslant Q_{ij}\Big/|Y| + s_{ij\varphi}^{t} \cdot Q_{ij\varphi}^{P}\Big/|Y| + s_{ji\varphi}^{t} \cdot Q_{ji\varphi}^{P}\Big/|Y|, \quad (3-54)$$
$$\forall i,j \in J, i \neq j, \forall \phi \in \Phi, t \in T$$

$$s_{ij\varphi}^{t} = s_{ij\varphi}^{t-1} + x_{ij\varphi t}, \forall i,j \in J, i \neq j, \forall \varphi \in \Phi, t \in T \quad (3-55)$$

$$x_{ij\varphi t} = x_{ij\varphi t}^{(v)} : \lambda_{ij\varphi t}, \forall i,j \in J, i \neq j, \forall \varphi \in \Phi, t \in T \quad (3-56)$$

其中，$\lambda_{ij\varphi t}$ 是对偶变量。

由上述模型可以看出，拆分后的子问题为线性规划模型，0—1变量由主问题反馈得到，并根据相关约束条件反馈对偶变量（反映出备选投资管段对全局利润的贡献程度）给主问题，因此子问题求解时间可以大大缩短，提高计算效率；主问题则基于子问题提供的产运储销方案及其对应的对偶变量确定最优的投资组合。此外，该模型也是问题的求解变得清晰便捷，容易操作实现。

对于一般线性规划和变量数量较少的0—1混合整数线性规划模型，现有的一些优化软件都能快速求解该类问题，并能获得精确解，如 ILOG CPLEX、Gurobi、Lingo。本研究采用计算能力强大的 ILOG CPLEX 优化器，并在 C# 语言环境下通过 Net API 调用 CPLEX 软件进行求解。

2. 优化求解器调用环境配置

（1）安装 ILOG CPLEX 软件。

本书利用 IBM ILOG CPLEX 12.7.1 进行原问题松弛问题、Benders 分解产生的主问题和子问题、中短期无投资决策的产运储销退化问题的求解。

实际上，作为中长期战略决策的含管道建设投资决策的产运储销协同优化模型，在数据粒度较粗——包括决策周期粗粒度化、产量分块合并、骨干管网数据合理合并、需求数据非精细化、投资决策变量较少的情况下，尤其是产销结构较为稳定或已有管道运输能力充足的情况下，可以直接利用CPLEX MIP 求解器对原问题进行求解（事实上，CPLEX MIP 求解器对混合整数线性规划的特殊结构有针对性的处理，包括如 Dantzig—Wolfe 分解、列生成、结合启发式问题解的构造方法等内容）。

（2）安装微软 Visual Studio 软件。

如果对程序研究、控制和调整——如增减模型约束条件等存在需求，则建议安装 Visual Studio 2017。

（3）在 C# 控制台应用程序项目中添加 CPLEX.dll 文件。

如果存在安装 Cplex 软件版本与本书使用版本不一致的情况，则需要替换程序中引用的 .dll 文件。

在 Visual Studio 的解决方案资源管理器中，右击"引用"，在弹出窗口中选择浏览文件，在 "..\IBM\ILOG\CPLEX_Studio1271\cplex\bin\x64_win64"（CPLEX 安装地址）中分别找到 "ILOG.Concert.dll" 和 "ILOG.CPLEX.dll" 文件，添加进入"项目引用"中。

（4）计算结果可视化程序网站发布。

可以利用两种方式运行结果可视化程序，一种方式便是利用 Visual Studio 打开项目资源文件，以调试的方式浏览可视化结果展示；另一种方法就是在本地电脑的 IIS 管理器中添加网站，然后直接从浏览器中打开即可。

（三）算法流程图

根据算法上述算法步骤，绘制算法流程图，如图3-9所示。

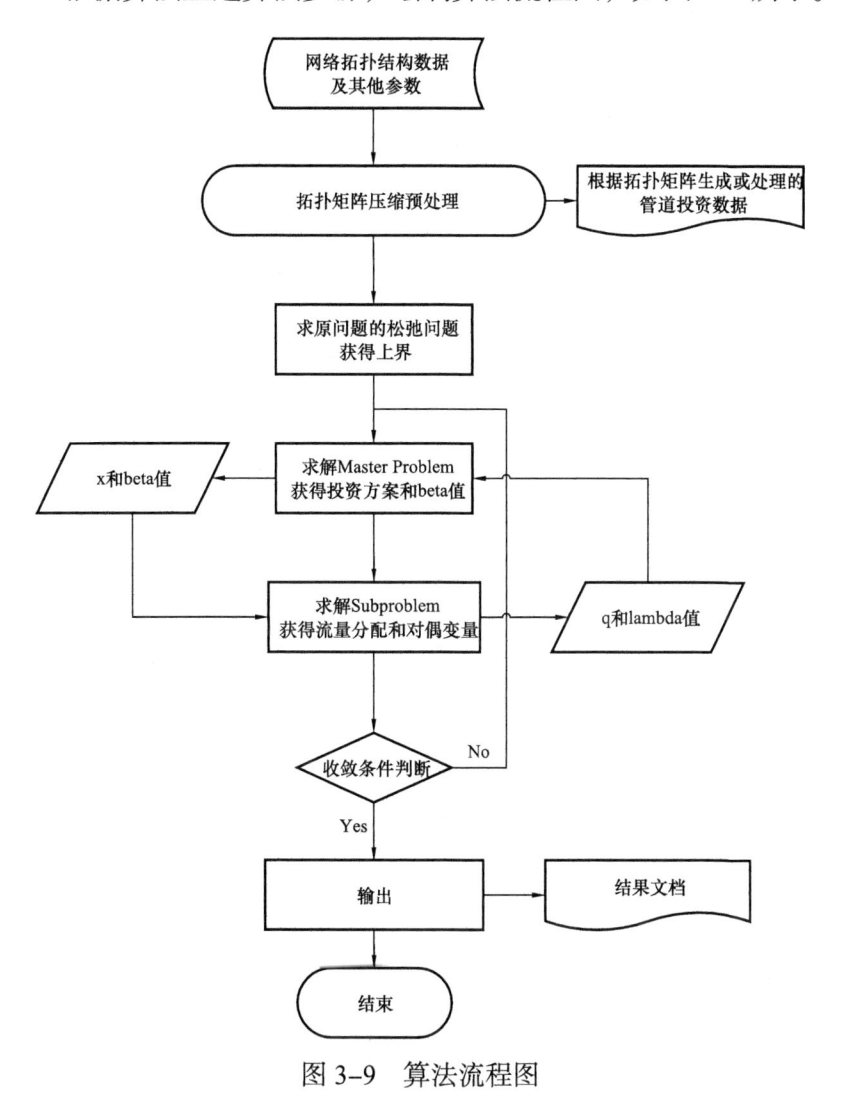

图3-9 算法流程图

（四）程序设计

算法程序文件包括直接利用 Cplex MIP Solver 对原模型进行求解的 C# 类文件 InvestModelBuilder.cs 及 InvestModelAlter.cs（前者针对原始模型，后者针对添加了短缺惩罚项的修正模型，代码展示的是后者）；求解松弛问题获得模型 β 上界的文件 InitialUpperBound.cs；Benders Decompostion 主问题求解文件 MasterModelBuilder.cs；子问题求解文件 FeasibleSub-ModerBuilder.cs；Bender Decomposition 流程控制文件 Benders.cs；结果（含中间计算结果，用于 Benders 迭代计算过程）存储和输出文件 Result.cs；数据导入和控制文件 GasData.cs。

三、算例分析

为验证上述模型和算法的有效性，基于川渝地区天然气产运储销相关的调研数据，设计了不同产销结构、不同成本状态、不同惩罚系数等一系列相关参数，构造了多组算例进行模型验证。由于数据量庞大，仅列举其中一组算例的部分计算结果进行说明，以验证模型的可行性和有效性。

算例采用川渝"十三五"计划和中长期规划的高产量方案数据和相关需求数据，将数据粒度设置为月度，为方便展示和对比，最终结果按季度汇总，结果数据较多的输配和销售方案只展示了部分示例。

采用本书设计的模型和算法，能够快速计算川渝地区产运储销协同优化方案，结果见表 3-1 至表 3-5。

表 3-1 天然气产量决策结果示例　　　单位：亿立方米

气源点	2018-1	2018-2	2018-3	2018-4	…	2025-1	2025-2	2025-3	2025-4
老气区									
QX 站	3.109	3.109	3.109	3.109		1.916	1.916	1.916	1.916
BM 线	1.14	1.14	1.14	1.14		0.703	0.703	0.703	0.703
WZ 站	1.347	1.347	1.347	1.347		0.83	0.83	0.83	0.83
ZX 站	2.902	2.902	2.902	2.902		1.788	1.788	1.788	1.788
SH	4.56	4.528	4.52	4.559		2.81	2.81	2.81	2.81
AY	1.14	1.14	1.14	1.14		0.703	0.703	0.703	0.703
LG 地区	1.5	1.5	1.5	1.5		0.875	0.875	0.875	0.875
XJH	0.75	0.75	0.75	0.75		0.75	0.75	0.75	0.75
SSY	0.263	0.263	0.263	0.263		1.825	1.825	1.825	1.825
JLS	0.13	0.13	0.13	0.13		0.875	0.875	0.875	0.875
下古生界—震旦系									
LWM	16.51	15.778	10.583	14.884		20.916	22.5	22.5	22.5
GS1 井	2.428	2.428	2.428	2.428		5	0.247	0.247	0.247
MX 二期	1.073	1.073	1.073	1.073		1.832	5	5	5
CDBGHL 气田									
LJZ	7.25	7.193	7.186	7.25		7.5	7.5	7.5	7.5
TSP	0	0	0	0		2.5	2.5	2.5	2.5
蜀南地区页岩气									
CN	5	5	5	5		19.417	20	16.083	19.417

续表

气源点	2018-1	2018-2	2018-3	2018-4	...	2025-1	2025-2	2025-3	2025-4
WY	5.5	5.5	5.5	5.5		12.242	9.158	18.908	12.242
LZ	0	0	0	0		5	7.5	2.5	5
YX	0	0	0	0		1.667	1.667	0.833	1.667
ZGX 下载节点									
ZGXNB	0	0	0	0.476		2.738	2.738	2.738	2.738
ZGXJJ	0.75	0	0	1.565		2.738	2.738	2.738	2.738

天然气生产方案存在以下主要特征：

（1）随着老气田的产能的衰退，这部分供应量逐渐减少；

（2）LWM 等气田产能不断提升，成为保供主力；

（3）蜀南地区的页岩气生产将有较大规模增长；

（4）中贵联络线下载节点供气在 2018—2020 年（即"十三五"后期）主要在川渝地区需求达峰值期间向成都和川西供气，在这之后则倾向于稳定供气（这会受到中贵联络线下载气源价格的影响），同时川中产气部分通过川气东送对外进行保供。

表 3-2　天然气管输方案决策结果示例（部分）　单位：亿立方米

管输段	18-1	18-2	18-3	18-4	...	25-1	25-2	25-3	25-4
SQ 阀室—DZ 输气站	0.66	1.23	1.44	0.26		1.83	1.83	1.83	1.29
GP 阀室—XH 阀室	1.84	2.32	2.52	1.35		7.90	8.39	8.34	6.80
XH 阀室—LS 输气站	1.84	2.32	2.52	1.35		7.90	8.39	8.34	6.80
TJ 阀室—SP 输气站	1.84	2.32	2.52	1.35		7.90	8.39	8.34	6.80
WG 阀室—JC 输气站	4.42	4.49	4.57	4.71		7.30	7.30	7.30	7.30

续表

管输段	18-1	18-2	18-3	18-4	…	25-1	25-2	25-3	25-4
ZJ 阀室—WG 阀室	4.42	4.49	4.57	4.71		7.30	7.30	7.30	7.30
XF 阀室—ZJ 阀室	4.42	4.49	4.57	4.71		7.30	7.30	7.30	7.30
XL 阀室—SH 配气站	0.00	0.31	0.30	0.12		3.63	3.29	3.25	3.64
JX 阀室—YC 输气站	10.36	9.99	10.00	10.33		10.20	10.26	10.27	10.17
DC 阀室—JX 阀室	10.95	10.54	10.54	10.95		10.95	10.95	10.95	10.95
YJW 阀室—DC 阀室	10.95	10.54	10.54	10.95		10.95	10.95	10.95	10.95
SJ 阀室—YJW 阀室	9.81	9.40	9.40	9.81		10.25	10.25	10.25	10.25
TSM 阀室—GA 阀室	10.95	10.63	5.43	9.32		18.25	18.25	18.25	18.25
GA 阀室—XX 输气站	8.81	8.66	3.48	7.08		15.42	15.64	15.66	15.28
HB 阀室—WY 输气站	7.90	7.60	7.65	8.26		20.08	20.08	20.08	20.08
HB 阀室—CJ 输气站	1.68	1.98	1.94	1.32		17.34	17.34	17.34	17.34
SH 阀室—WJQ 输气站	3.61	3.65	3.65	3.56		1.88	1.96	1.96	1.84
CN 阀室—YL 输气站	3.61	3.65	3.65	3.56		1.88	1.96	1.96	1.84
CJN 阀室—NX 输气站	0.77	1.07	1.03	0.41		5.48	5.48	5.48	5.48
DZY 阀室—NX 输气站	2.22	2.37	2.38	1.94		1.01	2.60	2.85	0.86
HJ 阀室—MJ 输气站	0.00	0.05	0.05	0.02		2.98	4.85	5.13	2.66
LL 阀室—LL 输气站	5.48	5.48	5.48	5.48		0.00	0.00	0.00	1.54
SSB 阀室—LL 输气站	8.05	6.98	6.87	8.70		0.00	0.00	0.00	0.00
DSQ 阀室—HT 输气站	16.37	17.89	12.99	14.17		0.00	0.00	0.00	0.00
SJP 阀室—DSQ 阀室	16.37	17.89	12.99	14.17		0.00	0.00	0.00	0.00
……									

输配方案受产销结构的动态变化发生了显著改变。包括北内环向东方向、南干线西段向成都方向的管输量越来越大，保供压力以及投资需求显著增强。这主要是老气田产量减少，而川中的"下古生界—震旦系"、蜀南的页岩气产能则不断提升所致。由于天然气需求量全年内有较大波动，为协调产能、需求、储备和管输能力，各月份、季度的输配方案则有着明显的差异。

XGS储气库调峰方案见表3-3，该结果会受到储备库初始气量、计划期末安全库存、内外部气源价格、川渝地区需求波动情况以及外销气需求波动情况、管网结构和建设投资等综合因素影响。

表3-3 XGS储气库调峰方案结果示例　　单位：亿立方米

	2018-1	2018-2	2018-3	2018-4	…	2025-1	2025-2	2025-3	2025-4
注气	2.838	5.434	0.641	0		0	1.644	1.901	0
采气	0	0	0	0		3.537	0.175	0	6.533

成都、重庆作为川渝地区两大核心城市，天然气需求量以及保供要求都很高，方案也会优先满足这两地的天然气供应。此外，居民天然气保供优先级更高，方案也体现出相关特征。随着天然气产能的增量超过川渝地区内部需求增量，外销天然气的量会有显著增长（表3-4）。

管道投资建设方案体现在随着外销天然气的需求增大，川中东向输送能力需要扩增；随着蜀南页岩气的产量增长，其向成都和川西地区管道输送能力需要扩增（表3-5）。

表 3-4 终端销售方案结果示例（部分）　　单位：亿立方米

	2018-1	2018-2	2018-3	2018-4	…	2025-1	2025-2	2025-3	2025-4
成都市居民	6.53	6.01	5.96	6.84		8.57	7.89	7.82	8.97
宜宾市居民	0.77	0.71	0.70	0.80		1.02	0.94	0.93	1.07
乐山市居民	1.32	1.22	1.20	1.38		1.56	1.44	1.43	1.64
眉山市居民	0.89	0.82	0.82	0.94		1.10	1.01	1.00	1.15
遂宁市居民	0.87	0.80	0.79	0.91		1.13	1.04	1.03	1.18
内江市居民	0.60	0.55	0.54	0.62		0.76	0.70	0.69	0.80
南充市居民	1.05	0.97	0.96	1.10		1.33	1.23	1.21	1.39
……									
德阳市非居民	0.53	0.49	0.49	0.56		0.65	0.60	0.59	0.68
达州市非居民	0.64	0.59	0.58	0.67		1.17	1.16	1.19	1.23
自贡市非居民	0.58	0.53	0.53	0.61		0.69	0.64	0.63	0.72
资阳市非居民	0.27	0.25	0.24	0.28		0.32	0.30	0.30	0.34
泸州市非居民	1.66	1.52	1.51	1.73		1.52	1.40	1.38	1.59
重庆市区域非居民	3.94	3.62	3.59	4.12		4.94	4.54	4.50	5.17
涪陵区域非居民	0.57	0.53	0.52	0.60		0.57	0.57	0.58	0.62
万县区域非居民	0.38	0.35	0.35	0.40		0.36	0.54	0.53	0.17
渝东南区域非居民	0.01	0.01	0.01	0.01		0.02	0.01	0.01	0.02
云南省非居民	0.85	0.78	0.78	0.89		0.64	0.59	0.59	0.68
贵州省非居民	0.05	0.05	0.05	0.05		0.21	0.19	0.19	0.22
外输气	0.00	0.00	0.00	0.00		33.17	32.97	32.98	33.75

表 3-5　管道投资方案结果示例

起点	终点	建成年份	管径（mm）
GA 阀室	TSM 阀室	2019	610
WY 输气站	HB 阀室	2019	813
XX 输气站	GA 阀室	2019	508
MX 输气站	TSM 阀室	2019	610
CJ 输气站	HB 阀室	2021	711
CJ 输气站	CJN 阀室	2021	610
NX 西输气站	CJN 阀室	2019	610
JJ 输气站	JT 阀室	2021	610
PJ 输气站	QX 输气站	2019	508
ZX 输气站	PJ 输气站	2019	813
WZ 输气站	SH 阀室	2021	813
WZ 输气站	ZX 输气站	2021	813
NB 输气站	SH 阀室	2021	813

第四章 天然气产业链协同优化条件分析——以川渝地区为例

天然气供需结构和储运能力分析是进行天然气产业链协同优化的基本前提。本章以川渝地区为例，分析了天然气资源供应和生产、天然气输配管网结构现状和建设、天然气需求趋势情况等条件，获得产运储销协同优化的基础参数，从而为优化方案分析奠定基础。

第一节 四川盆地油气勘探开发现状

四川盆地位于扬子地台的西北部，是典型北东向菱形构造盆地。盆地内烃源层丰富、储层类型多，纵向上发育多套生、储、盖成藏组合，截至 2017 年底已发现 24 个油气产层，其中海相 19 个，陆相 5 个，海相层系为主力含气层。研究表明，四川盆地油气藏分布主要受烃源、相带以及古今构造的共同控制。烃源控制了油气的宏观分布，相带对油气富集控制作用明显，古风化壳改善了碳酸盐岩气藏的储渗条件，古构造控制了油气的早期聚集，今构造控制了油气现今格局。气藏类型多样，已探明的气藏多为构造和裂缝圈闭气藏，岩性和复合圈闭气藏虽然数量较少，但储量规模较大，是今后勘探的主要目标。

一、天然气资源潜力分析

(一)四川盆地天然气资源概况

根据2014年第四次油气资源评价结果,盆地常规天然气总资源量近16万亿立方米(图4-1),资源探明率和发现率分别仅为14%和26%,四川盆地天然气资源丰富,勘探潜力巨大,发展前景广阔。

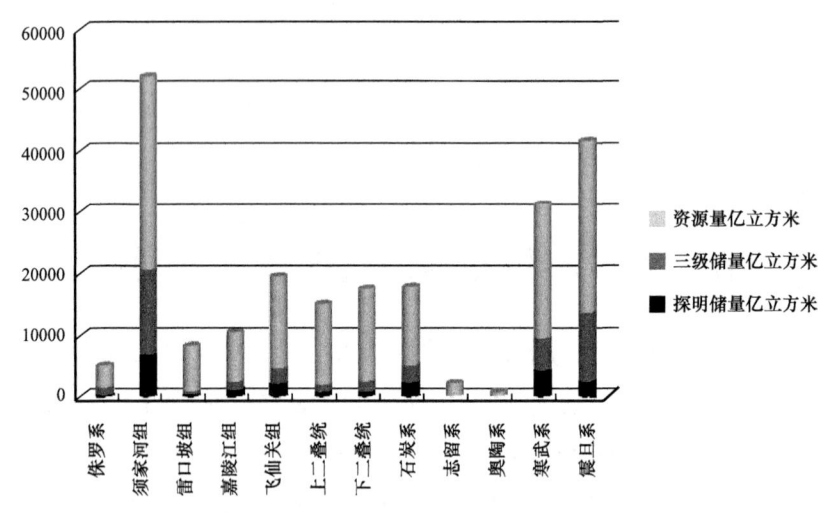

图4-1 四川盆地各层系天然气储量及资源量分布

(二)重点勘探领域

1. 下古生界—震旦系

根据第四次资源评价结果,寒武系—震旦系总资源量5万亿立方米,截至2017年底已发现气藏13个,均位于川中古隆起区。其中,寒武系总资源量2.2万亿立方米,发现

LWM组气藏4个，获三级储量超过5200亿立方米，资源探明率20%，发现率24%；震旦系总资源量2.8万亿立方米，灯影组发现气藏9个，获三级储量超过1万亿立方米，资源探明率约9%，发现率约40%。

2. 下二叠统

根据第四次资源评价结果，下二叠统总资源量1万多亿立方米，截至2017年底已获探明储量超过850亿立方米，预测储量超过900亿立方米，其中，茅口组获探明储量超过800亿立方米，栖霞组获探明储量约17亿立方米，预测储量约900亿立方米。资源探明率约6%，发现率约12%。

3. 二、三叠系礁滩

根据第四次资源评价结果，长兴组—飞仙关组总资源量近3万亿立方米，截至2017年底已获探明储量超过3000亿立方米，三级储量超过3300亿立方米，资源探明率和发现率分别约为11%和12%。飞仙关组探明储量超过2000亿立方米，三级储量近2500亿立方米；长兴组探明储量约850亿立方米，三级储量近870亿立方米。

4. 雷口坡组

根据第四次资源评价结果，雷口坡组总资源量超过7000亿立方米。截至2017年底仅探明了中坝雷三和磨溪雷一[1]两个整装气藏，发现了川中罗渡溪构造、川西南观音场、界石场及川东卧龙河等几个含气构造（或裂缝系统），获探明储量超过 400 亿立方米，控制储量近 70 亿立方米，资源探明率约 6%，发现率约 7%。

5. XJH 组致密气

根据第四次资源评价结果，XJH 组总资源量超过 3 万亿立方米。截至 2017 年底已发现 XJH 组气田 20 余个，含气构造 30 余个，获探明储量近 7000 亿立方米，控制储量超过 3000 亿立方米，预测储量近 4000 亿立方米，三级储量近 14000 亿立方米，位居各层系之首。资源探明率 22%，发现率 44%。

6. 其他老区层系

四川盆地川东石炭系和嘉陵江组等层系，均属于勘探较早的层系，曾是四川盆地的主力勘探层系，截至 2017 年底仍具备深化勘探的潜力。

二、天然气勘探开发历程

四川盆地油气勘探开发历经 60 多年，在艰苦中创业，在探索中前进，在发展中壮大，经历了波浪式前进的曲折发展道路，勘探经历了 5 个阶段，开发上了 3 个台阶，目前处于储量、产量快速增长期，已成为我国天然气工业发展的主要开拓者和推动者。四川盆地天然气工业发展历程如图 4-2 所示。

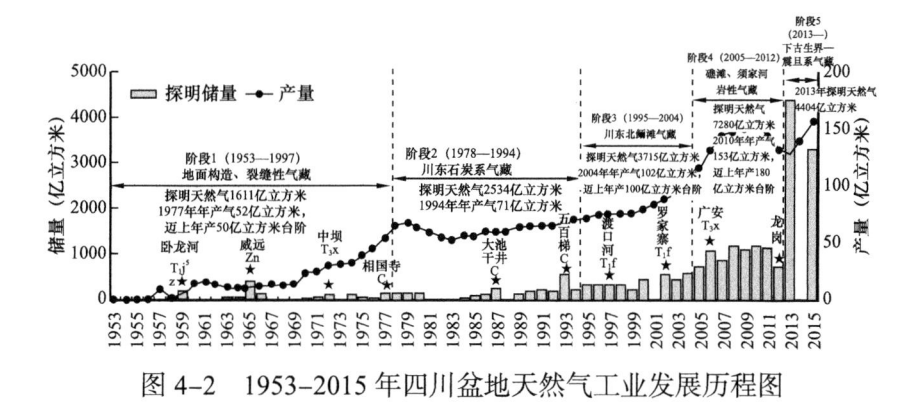

第四章 天然气产业链协同优化条件分析——以川渝地区为例

图 4-2 1953-2015年四川盆地天然气工业发展历程图

（一）以地面构造、裂缝型气藏勘探为主，天然气工业起步阶段（1953—1977年）

1953—1977年是四川盆地天然气工业的起步时期。该阶段开展了两次石油大会战，没有发现高产大油田，油气勘探战略从"以油为主"调整为"油气并举、以气为主"。

1960年以后，以构造为主要目标，通过大规模的背斜构造钻探，发现了一大批碳酸盐岩缝洞型、裂缝—孔隙型气藏，由于地质认识程度低，仅获得一些小型气田，累计新增天然气探明储量1610.5亿立方米。随着天然气勘探取得突破，逐步进入到1970年以后的大规模开发、快速扩张阶段，天然气工业产量从1970年的19.9亿立方米快速增长到1977年的52.2亿立方米，并逐步形成了成都、重庆、泸州、自贡等城市及相邻地区就近供气的区域性供气系统和连接成渝两地的南半环输气干线，天然气利用由小规模局部用气发展到大区域用气。

· 111 ·

（二）以石炭系裂缝—孔隙型气藏勘探为主，天然气产量调整恢复阶段（1978—1994年）

1977年发现XGS石炭系孔隙性气藏是四川盆地勘探发生重大转变的标志。随后，以大中型气田为目标和裂缝—孔隙性储层为主要勘探对象，在山地地震勘探技术和高陡构造变形机理研究取得突破的基础上，发现了大池干井、五百梯等一批大中型整装气藏，新增天然气探明储量2534亿立方米，其中石炭系探明储量1439亿立方米。随后加快了以石炭系为重点的大中型气田开发，但在此期间由于未充分认识到储量和产量之间的合理匹配关系，造成储量和产能接替不足，导致产量在20世纪80年代初期大幅下调。之后通过对整装气藏实施科学开发，产量止跌回升，1994年产量达到70.7亿立方米。

（三）以飞仙关组鲕滩气藏勘探为主，天然气产量持续增长阶段（1995—2004年）

1995年发现渡口河飞仙关鲕滩气藏，打破了以石炭系为主的勘探格局。在地质认识和物探技术取得突破的基础上，相继发现了罗家寨、铁山坡等一批川东北高含硫大中型整装气藏，新增天然气探明储量3715亿立方米，其中飞仙关组1480亿立方米，成为继川东石炭系气藏后又一个重要的增储上产层系。在此期间，继续延续对以石炭系气藏为主的整装气藏的科学开发，结束了近10年的产量调整，2004年天然气产量突破百亿大关，达到101.8亿立方米，气田开发逐步走出了困境，为2005年以后产量快速增长奠定了坚实基础。期间建成了盆地环形输气管网，天然气集输能力显著增强，形成了"川气东输两湖"的格局。

（四）以XJH组、二三叠系礁滩岩性气藏勘探为主，天然气储量产量快速增长阶段（2005—2012年）

2005年以来，在岩性油气藏理论指导下，以大中型气田为目标，海、陆相并举，大力实施勘探开发一体化，盆地XJH组、二三叠系礁滩勘探取得丰硕成果，发现了广安、合川、LG等大型气田，新增探明储量4982亿立方米。在储量快速增长的支撑下，天然气开发建设步伐进度加快，快节奏建成并投产了川中XJH组、LG等一批新气田。这一期间地面集输系统进一步完善，生产保供能力继续大幅提升。

（五）以川中古隆起历史性大发现、大突破为契机，强力推进国家级页岩气示范区建设，天然气储量产量高峰增长阶段（2013年至今）

A公司2011年风险探井高石1井在灯影组获高产工业气流，取得了盆地下古生界—震旦系勘探的重大突破。经过三年的快速高效勘探，实现了大川中高石梯—磨溪地区震旦系灯影组、寒武系LWM组有利含气区的整体控制。2013年快速提交了LWM组探明储量4400余亿立方米，2015年提交灯影组探明储量超过2000亿立方米。大力发展页岩气业务，积极落实资源分布，提交了建产区探明储量1108亿立方米。气田开发建设水平不断提高，仅用三年时间建成年产能力超百亿立方米的MXLWM组特大型气田，长宁—威远国家级页岩气示范区20亿立方米/年产能建成投运，A公司产量持续增长和效益发展的能力显著增强。

第二节　川渝地区天然气产业链现状及发展趋势

A公司地处四川盆地，是我国最早勘探开发利用天然气的基地，是首个百亿气区和以生产天然气为主的千万吨级大油气田。1958年开始在四川盆地进行大规模油气勘探开发。

一、川渝地区天然气产业链现状

（一）天然气勘探

"十二五"新增探明储量接近10000亿立方米（含页岩气1108亿立方米），较"十一五"增长76%（图4-3）。

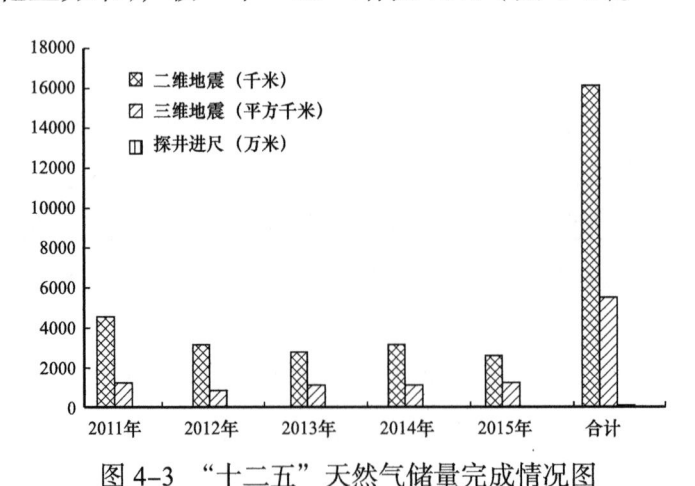

图4-3　"十二五"天然气储量完成情况图

"十二五"共完成二维地震勘探近16000千米,三维地震勘探5000余平方千米,分别完成规划指标57%和126%;完成探井190余口,进尺近80万米,分别完成规划指标50%和53%(图4-4)。"十二五"A公司以较少的工作量完成了较多的储量任务,主要得益于下古生界—震旦系气藏重大发现。

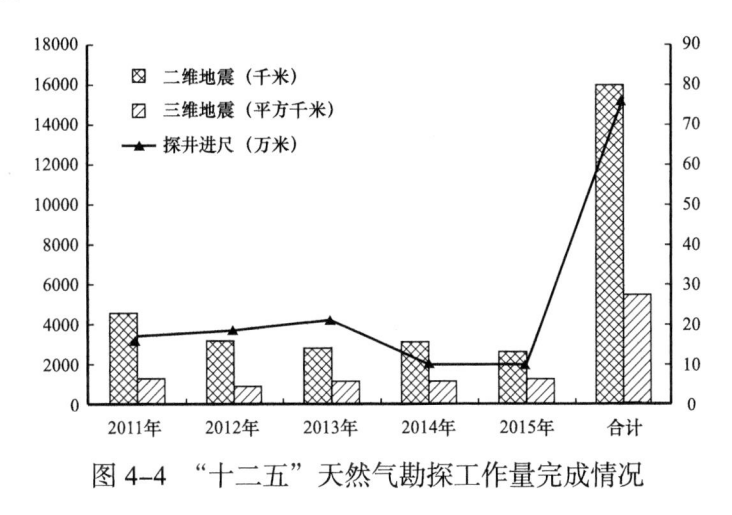

图4-4 "十二五"天然气勘探工作量完成情况

(二)天然气开发

1. 新增动用可采储量

"十二五"新增动用储量2800余亿立方米,新增动用可采储量1700余亿立方米,年均300多亿立方米(图4-5)。"十二五"乐山 龙女寺古隆起下古生界—震旦系勘探取得重大突破后,通过大力实施勘探开发一体化,快速建成MXLWM组气藏开发工程,超额完成规划指标。

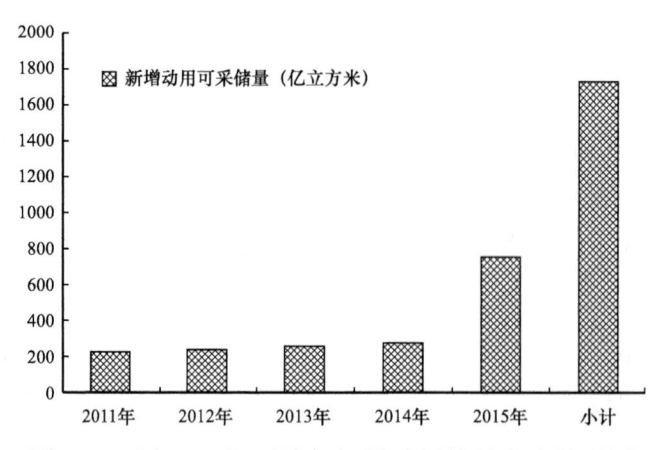

图 4-5 "十二五"天然气新增动用储量完成情况图

2. 天然气产量

"十二五"生产天然气 700 余亿立方米，2011—2013 年，产量逐步下滑，但自 2014 年起，每年的产量增长超过 10 亿立方米（图 4-6）。

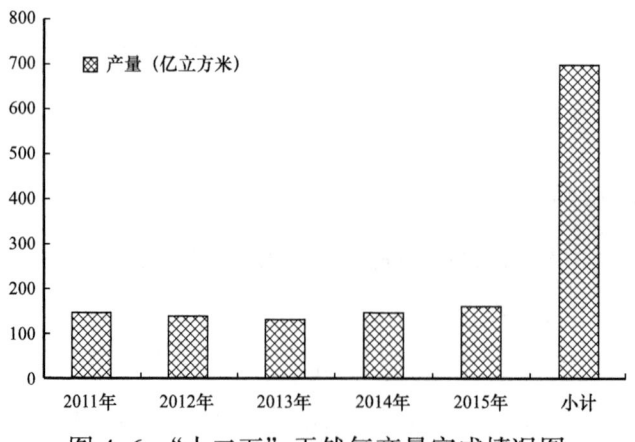

图 4-6 "十二五"天然气产量完成情况图

3.产能建设

"十二五"A公司完成天然气开发钻井500余口,进尺超200万米,新建配套生产能力超200亿立方米/年,(图4-7)。"十二五"规划钻井工作量指标完成率较低、新建产能指标完成较好主要原因是开发重点领域发生变化,由XJH组、LG气田转移到高磨地区和页岩气,而且页岩气的开发效果超过预期、高磨地区实现了少井高产,弥补了CDBGHL气藏未能按期投产、XJH组以和LG气田开发未达到预期效果的产能缺口。

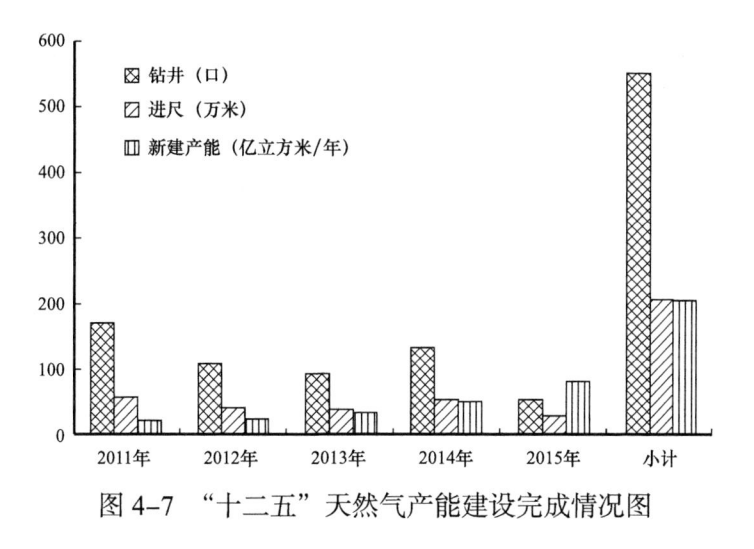

图4-7 "十二五"天然气产能建设完成情况图

(三)储运设施建设

1.管道建设

"十二五"A公司新建、改造输气管道一千余千米。

2011—2014年建设工程量快速上涨，特别是2014年较2013年上涨了44%，为2011年的1.9倍；2015年受宏观经济下行影响，管道建设工程量急剧下降，仅为2014年的13%（图4-8）。

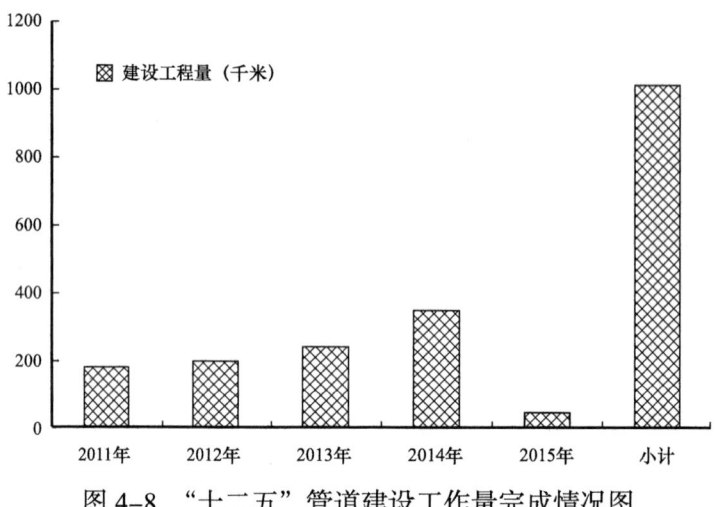

图4-8 "十二五"管道建设工作量完成情况图

"十二五"A公司推进$300 \times 10^8 m^3$管网规模建设部署，持续开展管道建设和改造，建成JN、BWH、LS等管道，满足了公司产运销的需要。受部分区域气田建设进度推迟、市场不落实等因素影响，TSP外输管道、PS复线、ZJ管道、DZ管道等未按预期开展建设，使得管道建设的规划符合率较低。

2. 储气库建设

XGS储气库于2013年6月建成投运，设计库容40余亿立方米、工作气量超20亿立方米，到2015年底库容达到36亿立方米。自建成以来，XGS储气库为川渝地区乃至全国的冬春调峰运行做出了巨大贡献。

第四章 天然气产业链协同优化条件分析——以川渝地区为例

（四）天然气销售

"十二五"A公司天然气销售实际完成800余亿立方米。2011—2014年，A公司天然气销量每年以增加10亿立方米以上的速度快速上涨，2015年受宏观经济整体下行的影响，销量较2014年小幅下降（图4-9）。

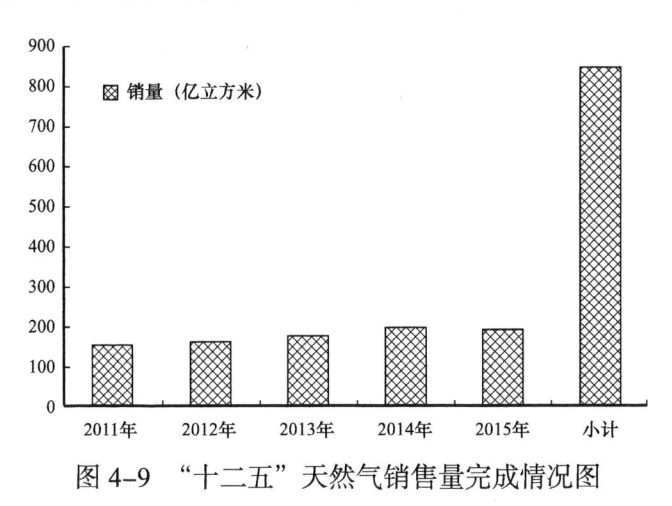

图4-9 "十二五"天然气销售量完成情况图

二、川渝地区天然气产业链发展形势

（一）机遇

1. 我国天然气开发利用进入发展黄金时期

2015年以来，我国经济虽然下行压力大，但是增长的基本面总体平稳，对天然气在内的能源需求总体上仍保持增长态势。"十八届五中全会"全面勾画了"十三五"蓝图，提出创新、协调、绿色、开放、共享的发展理念，天然气是节能减排、推进生态文明建设、实现绿色低碳发展最现实的清洁能源，在我国今后经济社会发展中将发挥越来越重要作用。

2. 国家政策支持天然气产业快速发展

国家能源革命、天然气利用政策、加快城市化进程，以及国家优先推进西部大开发战略和川渝地区经济社会快速发展、四川省创建国家清洁能源示范省等，将进一步促进川渝地区天然气产业发展。川渝地处"一带一路""长江经济带"等多项国家重大战略交汇点，在成渝经济圈、天府新区和两江新区高速发展带动下，经济增速将继续超过全国平均水平，对天然气等要素保障的需求将持续稳定增长。

3. 中国石油将天然气业务作为最具价值潜力、最现实的效益接替业务着力培育

天然气业务一直是中国石油的战略性、成长性业务，特别在持续低油价情况下，集团公司党组要求优先发展勘探开发业务、加快发展天然气与管道业务，提出了"发展西部"，保障西南、塔里木等重点气区建设的规划部署。集团公司将"A公司天然气300亿立方米上产"作为大力实施的四大工程之一，要求将A公司打造成区域天然气增产创效典范和中国石油西南增长极，为A公司大力发展天然气业务提供了良好的条件和政策支持。

4. A公司天然气业务具备坚实的发展基础和良好的成长性

历经半个多世纪的勘探开发，盆地已建立了特色鲜明的

天然气产运储销贸一体化完整产业链，资源基础雄厚，储量产量保持稳定增长，呈现出良好的快速发展态势，未来一个时期，A公司将成为中国石油最具成长性的油气田企业之一。LWM气田高速高效建成投产、长宁—威远国家级页岩气示范区建设取得重大进展、CDBGHL项目实现首气，为公司稳健发展提供了雄厚的资源保障；形成了国内最完善的区域输配管网系统，并与全国管网连接，年输配能力达到300亿立方米，成为西南能源战略通道枢纽，同时西南地区首个地下储气库——XGS储气库建成投运，应急保障能力显著提升，川渝地区已成为国内最成熟的天然气市场。

（二）挑战

1.国际油价持续低位震荡，导致国内天然气价格低位运行

近期国际油价在50美元/桶附近徘徊，短期内仍看不到大幅回升迹象。当前和今后一个时期，石油公司面对低油价的"寒冬"，必将采取超常规、革命性的措施，调整投资规模和结构，严控投资回报标准等，这些都将对A公司效益和发展产生重大影响。同时，持续低油价也导致国内天然气价格走低，国家大幅降低非居民天然气门站价格，并积极推进天然气价格市场化，在未来供应宽松的局面下，天然气价格提升空间十分有限，对A公司投资效益带来影响。

2.市场发生重大变化，天然气市场竞争更加激烈

随着油气战略通道、多个产能项目陆续建成投产，新能

源和煤炭清洁利用的快速发展,"十三五"国内天然气供应将持续宽松,天然气供应主体更加多元,竞争加剧。川渝地区天然气供需形势和市场格局发生深刻变化,随着页岩气、元坝、GM等气田开发,产量大幅增长,总体呈现供大于求的局面,区域市场竞争更加激烈,A公司市场份额和主导地位受到严峻挑战。

3. 勘探开发成本偏高,发展的质量效益不高

四川盆地地质条件复杂,大多数气井深、大多数气田含硫化氢,勘探开发成本偏高,整体勘探开发成本是长庆油田、塔里木油田的1.3~2倍。"十二五"期间,A公司总体资产规模偏大、低效无效资产偏多,全员劳动生产率、人均创效能力偏低,投资回报率不理想,效益发展面临巨大压力。

4. 安全环保形势依然严峻,A公司稳健发展面临挑战

新《安全生产法》和新《环境保护法》相继实施,安全环保和节能减排监管更加严格,企业安全环保生产成本更加高昂。公司大部分气藏含硫,点多、面广、老气井多,随着增储上产节奏的加快,新增产能对减排的压力加大;天然气管道历史长、密度大,随着城镇化、工业化快速推进,安全环保压力大幅增加。

5. 政策社会环境趋严趋紧,公司发展制约因素日益增多

国家不断放宽油气勘探开发市场准入,逐步放开竞争性业务和天然气价格,鼓励外资、民营和社会资本加快进入竞争性领域和环节,投资主体、市场主体都将更趋多元和复杂,

对A公司矿权保护等提出新挑战。国家法律监管趋严趋紧，页岩气补贴等优惠政策减少或难以持续，地方经济利益诉求不断增多，企地关系协调难度进一步加大。

第三节 天然气供应预测

A公司在四川盆地18万平方千米可供勘探面积中，拥有勘查开采矿权约130个、面积约16万平方千米。现有生产井1400余口，投入生产的主要气藏为LWM组、石炭系、二三叠系礁滩等。60多年来，累计生产天然气约3800亿立方米，约占同期全国天然气产量的1/4。建成了"三横三纵三环"及"一库"的川渝天然气骨干管网系统，并与全国管网连接，成为西南能源战略通道枢纽。

A公司生产天然气供应川、渝、云、贵当地市场千余家大中型工业客户和1500多万户居民家庭以及1万多家公用事业用户，此外，还外输至两湖等地。天然气在川渝地区一次能源消费结构中约占15%左右，高于全国8.1%的平均水平，行业利用率80%。A公司在川渝地区市场占有率长期保持在75%以上。

一、"十三五"期间天然气供应量

（一）川渝天然气产能假定方案

根据现有资源落实情况、各领域开发潜力和技术水平，结合勘探实际情况，现有假定两套开发方案。

低方案：2020年产量260亿立方米。上产领域为下古生界—震旦系110亿立方米，页岩气60亿立方米，CDBGHL30亿立方米；稳产调整领域产量目标60亿立方米，其中老气田48亿立方米，LG9亿立方米，XJH组气藏3亿立方米（图4-10）。

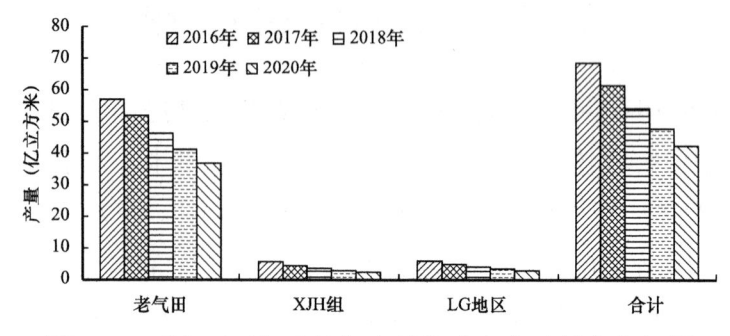

图4-10 "十三五"天然气产量构成方案（低方案）图

高方案：2020年产量300亿立方米。三个上产领域为中下古生界—震旦系130亿立方米，页岩气60亿立方米，CDBGHL50亿立方米；稳产调整领域2020年产量目标60亿立方米，其中老气田48亿立方米，LG地区9亿立方米，XJH组气藏3亿立方米（图4-11）。

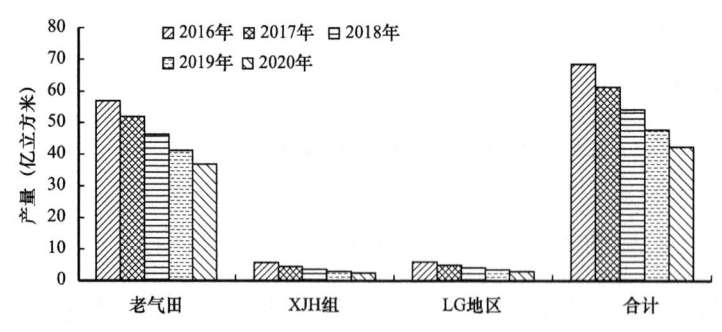

图4-11 "十三五"天然气产量构成（高方案）图

根据假定的两套开发方案编制了相应的开发工作量部署方案：

（1）工作量部署低方案：五年累计新建井口装置超过450套，新建产能200余亿立方米/年，年均新建井口装置超过90套，年均新建产能40余亿立方米/年。建成宣汉净化厂，处理CDBGHL罗家寨及滚子坪气田原料气，2016年三套装置分期投运，新增处理能力30亿立方米/年；利用中国石化普光净化厂处理铁山坡气田原料气。新建GTS净化厂，处理GTS—MX震旦系含硫气，于2019年底建成处理规模20亿立方米/年。

（2）工作量部署高方案：5年累计新建井口装置500余套，新建产能超过230亿立方米/年，年均新建井口装置100余套，年均新建产能近50亿立方米/年。建成宣汉净化厂，处理CDBGHL罗家寨及滚子坪气田原料气，2016年三套装置分期投运，新增处理能力30亿立方米/年；利用中国石化普光净化厂处理铁山坡气田原料气。新建GTS净化厂，处理GTS—MX震旦系含硫气，总规模40亿立方米/年，其中2018年底建成一期工程，规模20亿立方米/年，2019年建成二期工程，规模20亿立方米/年。

高方案整体上比低方案具以下优势：一是高方案提交储量较高、勘探投资效果更好，开发目标也更积极，有利于A公司筑牢资源基础，提高可持续发展能力；二是高方案投资资本回报率、净利润等关键指标好于低方案，有利于提升A公司经营效益；三是国家积极倡导绿色清洁发展，天然气需求将持续增长，较高的产量规模有助于提升国内自产气供给保障能力。

高方案尽管实施风险和难度略大，但总体上资源落实、可操作性强，并还可以通过加强技术攻关、优化生产组织、大力实施开源节流降本增效等措施将风险控制在可控范围内。因此，高方案，即"十三五"新增探明储量5000亿立方米、2020年天然气产量300亿立方米的勘探开发方案，作为川渝地区天然气产业链协同优化研究主要参考数据。

（二）老井产能递减详情

通过对已开发老区气田、气藏的产气量、产水量、地层压力、工艺措施效果等大量开发动态基础资料的统计分析，按照不同类型气藏的地质特点和开发规律，对已开发老区气田的产量进行分析预测。结果表明，现有老井"十三五"期间产量总体呈下降的趋势，但仍具有一定的生产潜力，预计到2020年为42亿立方米左右（图4-12）。

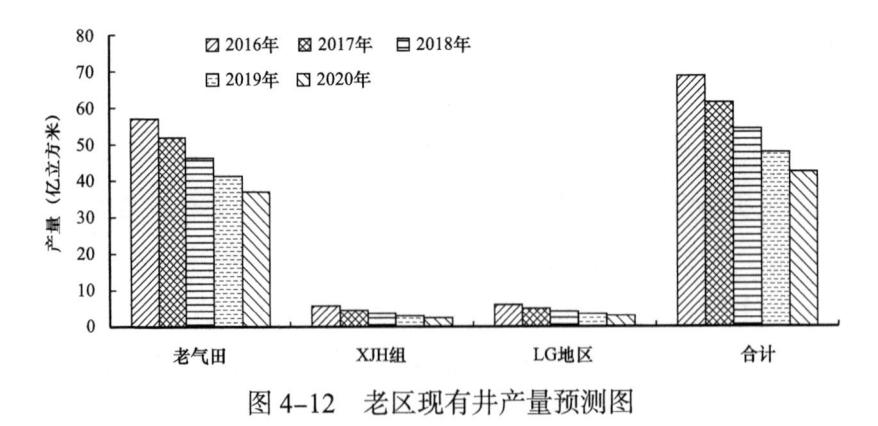

图4-12 老区现有井产量预测图

（三）外部油田天然气

A 公司销售外部油田天然气气源包括 ZJ 页岩气及 ZSH 串换气，均在四川省境内。"十三五"期间，外部油田天然气各年气量均按 8 亿立方米考虑，其中 ZJ 页岩气为 5 亿立方米，ZSH 串换气为 3 亿立方米。

（四）外部管道气

A 公司外部管道气源主要包括 ZGX 和 ZWX，川渝管网通过 ZGX 与 ZWX 与全国管网的联络，可引入川渝地区外部气源，补充川渝市场，也可将川渝地区富余气量进行外输，实现川渝地区内外天然气资源调配。

ZGX 设计输气能力 150 亿立方米/年，贯穿并连通川渝管网、中亚气和中缅气，可补充川渝市场。ZWX 设计输气能力 20 亿立方米/年，连接忠县和武汉，与西气东输二线沟通，可作为川渝市场应急和气源补充通道。

"十三五"期间川渝地区天然气总体上供大于求，需要将川内富余天然气外输。川渝地区外输量或下载量根据川渝市场各年供需平衡分析确定。

二、中长期天然气市场供应量预测

2021—2030 年远景展望，将抓好新区产能建设和老区优化调整。持续开展大川中地区下古生界—震旦系气藏的跟踪研究和周边滚动挖潜，重点实施川中地区多层系滚动勘探开发工程，确保 130 余亿立方米产量持续稳产；大力发展非常规天然气，继续实施蜀南页岩气规模效益开发工程，持续开展页岩气勘探开发技术攻关，通过自营、合资合作、风险作业等方式加快开发，实现产量快速增长；有序推进 CDBGHL 气田合作开发，确保各区块达产后的平稳生产；继续对老区进行滚动挖潜和优化调整，深化礁滩、XJH 组、石炭系等认识，不断提高采收率，确保有效开发；对盆地东部下古生界—震旦系、川西下二叠统等取得重大突破的区块，加快试采和评价，科学编制开发方案，有序实施新区上产。

2021—2030 年，在已建成的 300 亿立方米产量基础上持续保持稳定生产，根据天然气需求情况及各重点领域的开发和剩余储量情况，持续优化产量结构，适时开展扩能上产、促销提效工程，提升公司总体效益。到 2030 年，假定老区产量 40 亿立方米，盆地下二叠统产量 10 亿立方米，下古生界—震旦系维持 130 亿立方米稳产，页岩气上产至 80 亿立方米，CDBGHL 产量 40 亿立方米。

第四节　天然气市场需求

天然气预测依赖于天然气资源条件和市场有效需求、国内外宏观经济形势、用户价格承受能力等影响因素。

A 公司在川渝地区天然气供应市场按用气结构划分主要分为城市燃气、化肥及非居民用气。公司在川渝地区天然气供应市场包括四川省、重庆市、云南省及贵州省部分地区。其中，四川省所占市场份额最大，其次是重庆市，云南及贵

第四章 天然气产业链协同优化条件分析——以川渝地区为例

州所占市场份额相对较小。以2016年为例,四川省天然气规划量按用气结构分,各行业所占市场份额如图4-13所示。

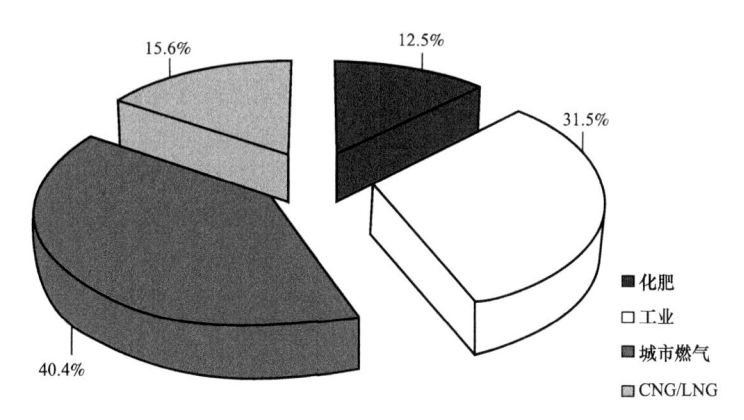

图4-13 2016年A公司在四川省销售结构占比图

受公司自产天然气规划量、中贵管道对川渝地区可能的下载能力、川渝管网的输配能力和用户对天然气的价格承受能力影响,在综合考量需求量和资源量的基础上,可采用项目分析法、部门分析法及天然气占一次能源比例法等定量预测方法对天然气市场及销售量进行预测。项目分析法主要通过对具体用户的用气规律调查分析的基础上,结合用户气价承受能力、上游管道供气能力和气源情况,对具体用户进行综合评价和预测。对天然气需求量预测分析主要基于公司各单位和终端燃气公司的市场调研情况和天然气需求数据,以及现行天然气价格。

川渝地区天然气需求量在一般工业(燃料)、城市燃气和化工(原料、燃料)行业所占比例较大。总体来说,一般工业与城市燃气行业用气量按一定比例稳定增长,结构比例较为稳定，由于传统化肥、化工企业用气量将大幅度减少，因此化工行业用气结构比例将随之减小。

第五节　管网输配能力分析

天然气作为一种特殊的能源，其生产和消费几乎同时进行，产、输、销一体性很强，所以天然气管网输配能力是天然气产业链协同优化中连接上游和下游的关键环节和核心限制因素。应用 ArcGIS Engine 生成地理信息文件如图 4-14 所示。

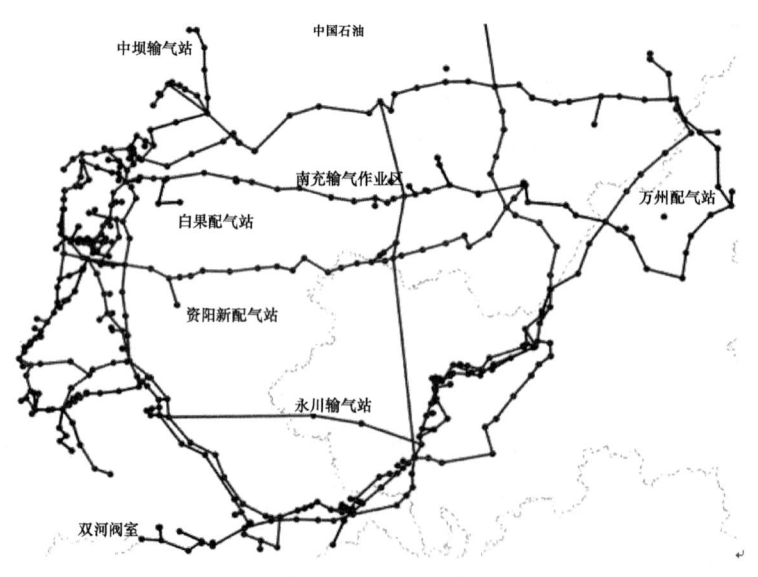

图 4-14　川渝天然气管道运输网络

川渝骨干管网基本建成"三横、三纵、三环"及"一库"的格局，初步实现高低压分输、输配分离，通过与西气东输、

第四章 天然气产业链协同优化条件分析——以川渝地区为例

中缅管道等国家环形管网有效衔接，实现国家战略储备、季节调峰和应急供气等功能。

图4-15中，管道随着直径增大，在图中显示颜色越深。其中，BGX、BNH和BWH构成"三横"；NGX东段、NGX西段和ZGX构成"三纵"；NGX东段和NGX西段与BNH、BWH构成高压输送环网；原南部管网和北干线构成低压输送环网。

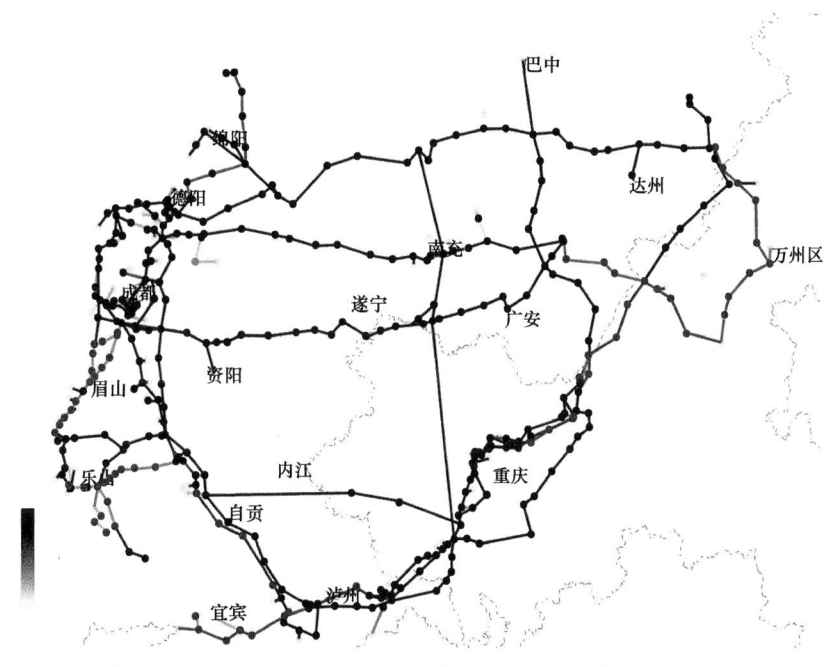

图4-15 川渝地区天然气管道运输网络（按管径大小）

截至2017年底，川渝地区输气管道骨干工程正按《川渝地区天然气300亿立方米/年配套管网建设及改造总体方案》有序实施。BNH、SW、XS线、SD复线、ZD线、SE、NA线、

BWH（一期、二期）、LS供气工程、SH供气工程等工程均已建成。BWH三期、JJ—NX集输气管道工程即将投产，Z—L—R—Y—J集输气管道工程、TSP管道工程、TF集输气管道工程、BD集输气管道工程等项目正在开展前期工作，其建设方案根据前期研究最新成果进行调整；区域性供气支线项目根据资源和市场新形势进行了调整和补充。

川渝骨干管网正在向"五横、三纵、三环"及"一库"的格局迈进。五横：BWH、BG线、BNH、GM外输管道工程、Z—L—R—Y—J管道工程；三纵：SE（L—G—W—J—N）、SW（C—Y—N）、ZG联络线；三环：高压环形管网（BWH、SE和SW）、CDB环形网（N—P、N—W—Z）、低压环形管网（BG、SE和SW低压管道），"一库"即建设XGS储气库。通过上述三条环线管网和地下储气库保障川渝地区内部稳定供气，"十三五"末川渝管网输配气规模达到350亿立方米/年以上。

第六节 储气库调峰能力分析

川渝地区现主要有XGS这一个调峰储气库，规划中还有TLX储气库。

XGS储气库设计库容40.5亿立方米，工作气量22.8亿立方米，日最大注气能力1400万立方米，日采气能力1380万方立方米。2013年7月开始注气，截至2015年底累计注气33.5亿立方米，库容36亿立方米；2014年首次向川渝管网冬季调峰采气，2015年11月19日实现向ZGX调峰采气。2019

年11月22日，XGS储气库正式开启今冬明春调峰采气，储气库采气量稳定在日产1500万立方米以上。2019年3月15日开始注气到2019年10月8日注气结束，XGS储气库库存气量达41.35亿立方米，占设计库容总量的97.06%，注气期末库存量创历年以来新高，为今冬明春调峰采气蓄足了能量。XGS储气库2019年冬至2020年春预计调峰采气量将超17.3亿立方米，日最大采气量将再次达到2000万立方米以上，力保今冬明春川渝地区和京津冀地区的天然气供应。

"十二五"期间，川渝管网通过ZGX实现了与全国骨干管网的有效连接，位于重庆铜梁的XGS地下储气库具备向ZGX和川渝地区季节调峰的功能。经过不断地调整改造，形成了较为完善的干线管网、区域管网和配气管网，大部分联络线管道已具有双向输送功能，大大提高了天然气调配的灵活性。"十二五"末，随着ZGX和XGS储气库的投运，调峰模式转变为气田调峰、管道容量调峰结合地下储气库调峰以及双向管道调峰的多种调峰方式，大大缓解了管网调峰压力。

第七节 天然气产需匹配分析

一、川渝地区天然气产需结构匹配情况

A公司天然气勘探重点目标为下古生界—震旦系、川西下二叠统孔隙性气藏，进一步拓展二、三叠系礁滩、石炭系等。

天然气开发重点为 GM 地区寒武系—震旦系和页岩气上产建设，有序推进 CDBGHL 气田合作开发，持续开展 XJH 组、LG 地区及老气田滚动勘探开发，确保老区稳定生产。五年部署开发井近 700 口，新建产能超 200 亿立方米/年，新建 GST 40 亿立方米/年净化厂一座，新建 GM 地区外输管线、CN 页岩气外输管线等配套工程。到 2020 年，GM 地区产量约 130 亿立方米，CDB 田产量约 50 亿立方米，页岩气产量约 60 亿立方米，老区气田产量约 60 亿立方米。

天然气销售与管道建设重点在于解决上产区块外输通道与输送瓶颈，进一步完善骨干管网，加快市场竞争区域管网建设，到"十三五"末，形成安全可靠、调配灵活的产运销储一体化管网系统，年输配能力达到 350 亿立方米以上。进一步巩固传统市场，开发高效市场，到 2020 年盆地内销售天然气超 230 亿立方米，市场占有率保持在 70% 以上。

基于 A 公司产销方案进行供需平衡分析，结果表明：（1）2016 年公司天然气产量小于销量，需从 ZGX 下载近 10 亿立方米补充缺口；（2）2017—2020 年随着 A 公司天然气产量大幅上升，逐步形成产大于销的局面，富余量需通过 ZWX 和 ZGX 外输。

二、川渝地区天然气管网流量预估

（一）2018 年天然气流向模拟分析

2018 年 A 公司天然气商品量 220 亿立方米，销售量约

200亿立方米。富裕气量考虑川渝管网通过ZWX外输15亿立方米。在此条件下确定2018年天然气总体流向，如图4-16所示。

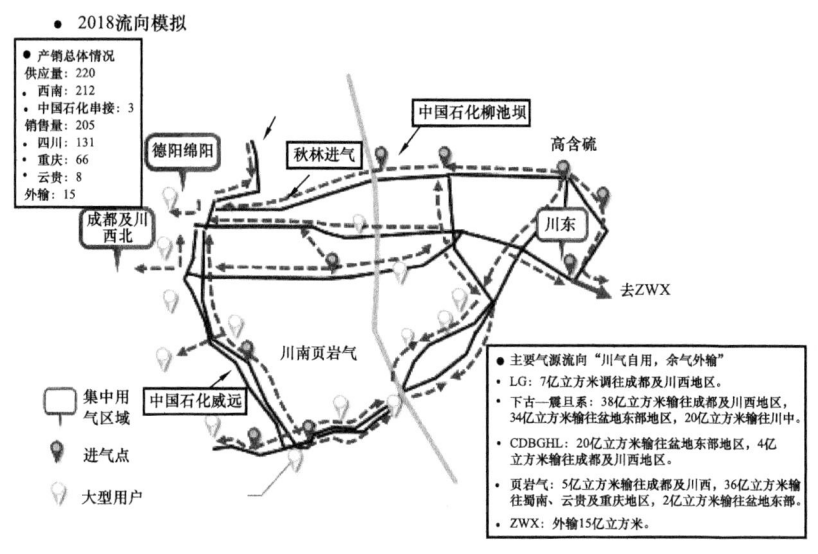

图 4-16 2018年川渝地区天然气流向模拟图

（二）2018年适应性分析

（1）LG气量7亿立方米，加上CDB的H_2S来气4亿立方米和LX线来气2亿立方米，共计13亿立方米，全部输往成都及川西地区。

（2）盆地东部地区。H_2S气量20亿立方米、CQ与CDB老气田商品气量32亿立方米，加上BNH和SE段来气共计97亿立方米供重庆及川东销售73亿立方米后，剩余气量2亿立方米通过LX线→BWH输往盆地西部，10亿立方米通过BG线输往成都及川西地区，12亿立方米外输至ZWX。

（3）盆地西部地区。该地区CXB商品气和部分YYQ商品气以及BG线、BNH、BWH来气共计77亿立方米，全部供成都及川西地区市场需求。

（4）盆地南部地区。该地区SN生产商品气8亿立方米、页岩气商品气36亿立方米，共计44亿立方米供云贵地区8亿立方米、供南部地区27亿立方米，剩余9亿立方米通过SE段输往重庆地区。

（三）2020年天然气流向模拟分析

2020年A产量268亿立方米（含昭通），商品量245亿立方米（含昭通），销售量230亿立方米，考虑川渝管网向ZWX上载气量18亿立方米。在此条件下模拟2020年天然气总体流向，如图4-17所示。

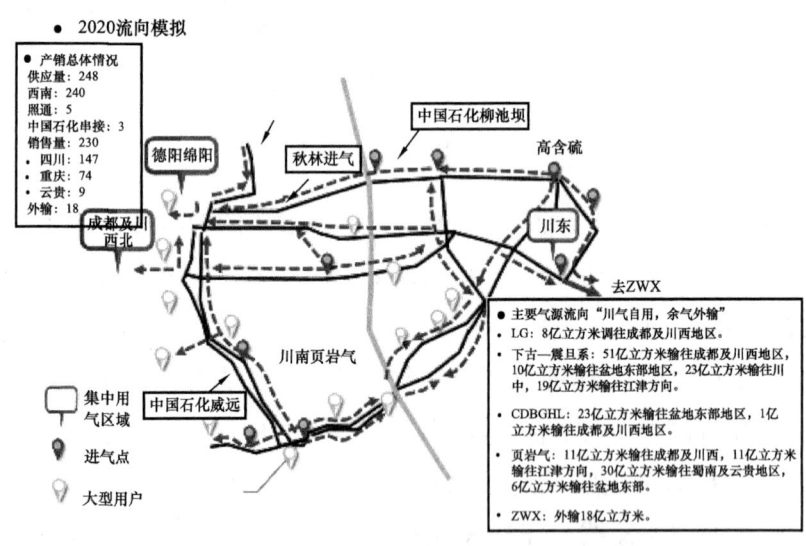

图4-17 2020年川渝地区天然气流向模拟图

（四）2020年适应性分析

（1）LG主体商品气量8亿立方米，加上LX线来气1亿立方米，共计9亿立方米，全部输往成都及川西地区。

（2）盆地东部地区。H_2S商品气量24亿立方米、CQ与CDB老气田商品气量32亿立方米、YYQ商品气6亿立方米，加上BNH来气13亿立方米和SE来气33亿立方米，共计111亿立方米供重庆及川东销售82亿立方米后，剩余气量1亿立方米通过LX线→BWH输往盆地西部，9亿立方米通过BG线输往成都及川西地区，16亿立方米外输至ZWX。

（3）盆地西部地区。BWH来气9亿立方米，BG线来气17亿立方米，BNH来气37亿立方米，加上YYQ商品气11亿立方米、GST来气14亿立方米以及CXB商品气3亿立方米，共计91亿立方米，全部供成都及川西地区市场需求。

（4）盆地南部地区。该地区SN生产商品气7亿立方米、YYQ商品气45亿立方米，GST来气19亿立方米，共计71亿立方米供云贵9亿立方米、供南部地区29亿立方米，其余33亿立方米通过SE段输往重庆地区。

第五章 天然气产业链协同优化方案分析——以川渝地区为例

川渝地区天然气产业链协同优化主要关系川渝地区天然气资源的调配问题,同时牵涉一系列的配套设施及相关资源配置,需要综合考虑川渝地区天然气资源禀赋、市场分布、管网格局及输送能力、调控系统、储气库储备和注采能力等天然气供应链全面系统耦合问题,是一项庞大的系统工程。基于经济效益和社会福利综合绩效体系的川渝天然气产业链协同优化建议方案,可为川渝地区的管网投资、气源生产、输配调度、储气库调峰和销售规划提供理论指导和决策参考。

第一节 天然气管道投资备选方案设计

天然气管道投资备选方案的设计是进行天然气产业链协同优化研究的基础,这主要体现在:

(1)中长期战略决策中,天然气产量分布将发生变化,对集输和区域间管道运输的需求产生影响;

(2)中长期战略决策中,天然气需求分布将发生变化,对分销和区域间管道运输的需求产生影响;

(3)由于计划期的拉长,天然气产业布局将产生新的布局方案，对当前未通天然气管道的地区，将来有可能通过修通管线开发市场，这将对管输提出新的需求；

（4）随着国家和地区能源战略的影响，天然气在能源消耗占比将逐渐上升，原有需求点需求量增加，对原有管线的输送能力形成挑战；

（5）随着调峰需求的增长和储气库建设的影响，配套管道和其他相关管道输配能力需要跟上需求增长；

（6）随着天然气产量的大幅提升，外输天然气比例也将大幅增加，这对管网输配能力提出新的需求；

（7）天然气管道可以实现短期天然气库存功能，对提升调峰能力有益。如图5-1，包含了10个供应点，10段管道和10个终端需求，假设部分时间段需求总量低于管输能力，而另一部分时间段需求总量大于管输能力上限，则可以在压力承受范围内，于低峰时段适当加压以增加管道内天然气的储量，供高峰期使用。

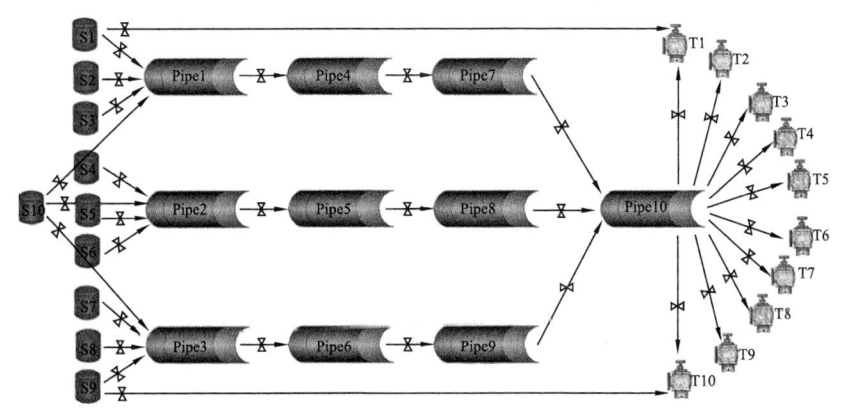

图 5-1　天然气管网短期库存系统示意图

也就是说，天然气管道投资可选方案需要满足天然气保供需求，尽可能体现社会福利的提升，并且通过方案的计算，可以体现现有管网的运输瓶颈，为规划设计人员提供参考数据。这样，加入新设计的备选方案，就可以迭代或渐进式地求解最优方案。

天然气管道投资方案主要考虑干线网络输配能力需求。集输和接近终端的分销系统为必要的配套设施，其相关参数数据必然与需求预测结果配套，因此不纳入备选方案设计，而是设置了充分大的输配能力参数。

天然气管道投资备选方案设计主要包含两方面：一是复线可选方案，二是中长期规划中预研的管道投资方案，分别对应不同的设计需求。

一、复线可选方案

复线可选方案是指在原有管道平行的位置，投资兴建新的管道。方案中设计这类管道备选方案的目的在于能够完成保供任务，体现输配瓶颈，并且因为能够利用现有增压设施，便于运营管理，方便对成本参数的设计。也就是说，复线可选方案出于保证具备可行解和可行解的质量，最终目的是反应输配瓶颈，为规划决策人员提供参考方案和数据。

如图 5-2 所示，由于川渝管网已经形成成熟的蛛网式结构，需求覆盖充分，用复线备选方案来分析未来供需结构下的管输瓶颈是一种非常有效的方法。

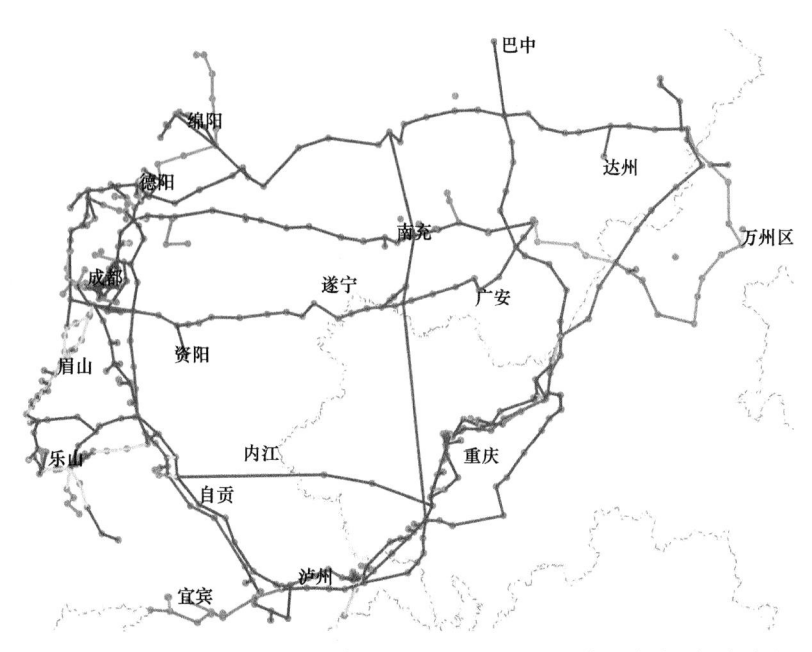

第五章 天然气产业链协同优化方案分析——以川渝地区为例

图 5-2 川渝地区天然气输配管网干线网络（管段数据合并前）

由于备选方案是管网分段结构、管径方案和投资时期的笛卡儿积，规模庞大。以川渝管网为例，以阀室、输气站、配气站等节点分割的输气干线管网段落数量便达到了460多段，再配以12种主要管径（表5-1），以及与计划期相适应的投资时段（每两年作为一个关键投资结果分析点，靠近计划期末的由于对未来产需供应数据难以掌握，则建议不作为投资节点，即2018—2025年为计划期，则将2020年和2022年作为投资结果分析点）。在上述情况下，投资备选方案即达到了460×12×2=11040个变量规模，其组合形式规模到达$\left(C_{12}^{1}\times 2\right)\times 2^{460}/2$，这个数字非常庞大。

· 141 ·

表 5-1　管道单公里综合造价　　　　　单位：万元/千米

年份 管径	2013	2014	2015	2016	2017
D159	65	67	69	71	74
D219	94	97	100	103	107
D273	115	118	122	126	131
D323.9	138	142	146	151	157
D406	240	247	255	262	273
D426	245	252	260	268	278
D508	260	268	276	284	295
D610	275	292	300	313	313
D630	285	294	302	311	324
D711	460	474	488	503	523
D720	465	493	508	528	528
D813	615	633	652	672	699

为此，需要通过多种手段处理，以避免超大规模变量带来的求解困难。通过人工识别是一种方法，由于一线研究人员对管输现状的全面认知，可以排除大多数复线备选方案。另一种可行方法是通过合理的管段合并，使得管段规模变小。图 5-3 展示了一种合并管段的方案，它是通过动力系统的关键节点对管网规模进行压缩的，这主要在以动力决策为核心的天然气输配问题中被应用。针对川渝天然气产业链协同优化模型，更合理有效的方式是通过合并非关键节点间的管段实现管网规模的大幅压缩。

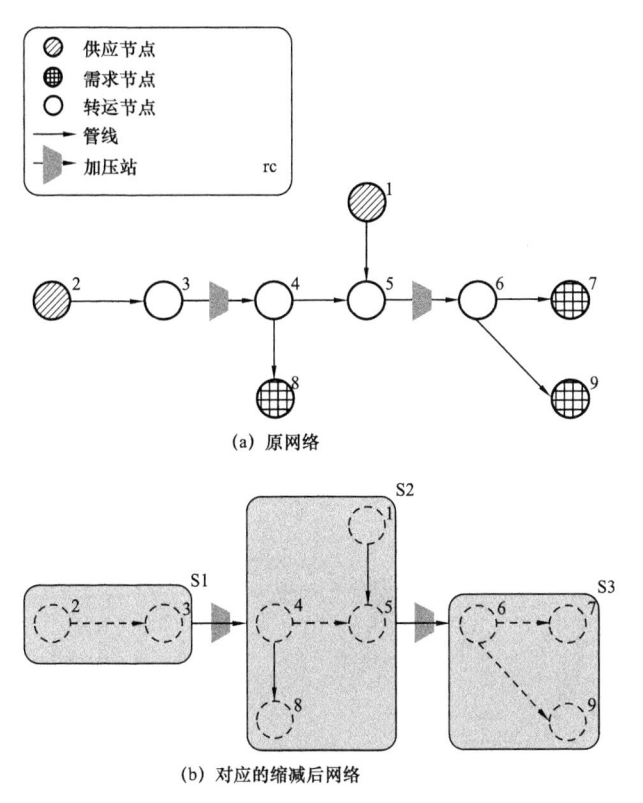

第五章　天然气产业链协同优化方案分析——以川渝地区为例

(a) 原网络

(b) 对应的缩减后网络

图 5-3　以增压设施为关键节点的变量规模压缩方案

非关键节点需满足如下条件：

（1）天然气流在该节点只能"一出一进"，即该节点不是数条管线（并行复线除外）的交叉点；

（2）不是气源接入干线管网的节点，否则节点被压缩后，天然气供应不能被接入网络；

（3）不是与需求点连接的点，否则节点被压缩后，对应的天然气需求点不能被接入网络，需求得不到满足；

（4）节点两端管道参数一致，否则目标函数的相关参数、

· 143 ·

约束条件不能与管段一一对应。

通过上述条件的判断，可以对管网规模进行压缩，进而缩小复线备选投资方案变量的规模（图 5-4），便于问题的求解。此外，对干线管网投资建设而言，管径可选方案也可以适当考虑去掉部分组合，以减小笛卡儿积。

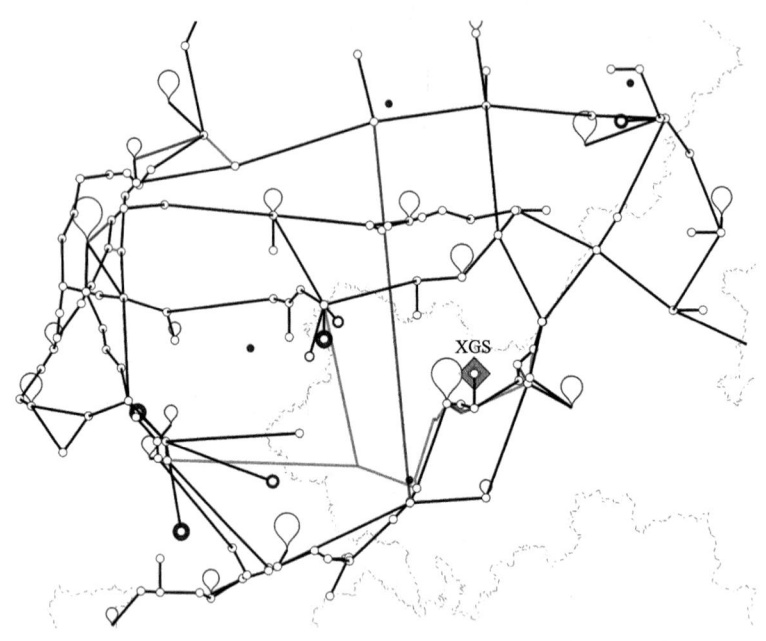

图 5-4　川渝地区天然气输配管网干线网络（管段数据合并后）

二、预研可选方案

截至 2017 年底，川渝地区输气管道骨干工程正按《川渝地区天然气 300 亿立方米 / 年配套管网建设及改造总体方案》有序实施。A 公司已建成，BNH、SW、XS 线、SD 复线、ZD 线、SE 段、NA 线、BWH（一期、二期）、LS 供气工程、SH 供气工程等工程。BWH三期（LG—DKH）、JJ—NX集输气管道工程即将投产，Z—L—R—Y—J集输气管道工程、TSP管道工程、TF管道工程、BWH至DZ开发区集输气管道工程等项目正在开展前期工作，其建设方案根据前期研究最新成果进行调整；区域性供气支线项目需要根据资源和市场新形势进行了调整和补充。

"十三五"期间，川渝地区需要建设管道80余条，总长度超过1700千米。其中重点支干线管道30余条，总长度超过1200余千米。四川省新建干线管道2条，总长度超过100千米；重庆市新建干线管道3条（其中1条跨境管道），总长度近200千米。

在模拟过程中，将管道投资作为备选方案纳入模型进行决策，主要可以存在以下模式：

（1）规划基本已经确定，不以考量经济效益决策是否建设为目的，而是以能力扩充、市场拓展为目的，纳入模型可以忽略建设成本；

（2）规划处于探讨和初步设计阶段，需要提供决策需要的评估数据，可以以严格的备选方案的方式，即加入经济效益分析相关参数的形式纳入模型求解。

此外，由于非复线的管道投资规划方案一般不单出于拓展管网运输能力为目的，而是综合考虑了市场开发拓展、产销分布结构动态变化、调峰保供需求增长以及结构变化等目的，最终提出的待进一步研究确定的备选方案。这就意味着，更多配套参数需要提供以决策是否采纳方案。

（1）由于管线连通而新产生的需求节点以及相关数据，如需求量、价格、满足率需求下限等。

（2）管网投资方案总成本和折旧方案。与复线投资方案有所差别的是，这类投资可能会产生更多的如增压设施等基础建设的投资，并且牵涉到终端市场配套管网贯通时间和市场开发时间。

（3）相关尤其是相连管网投资方案要同时纳入模型，以避免管道投资方案的真实经济效益（包含对周边管网设施的外部效应）低估而导致方案被不科学地否定掉。

第二节 天然气产业链协同优化参数设定

一、生产和外部气源下载成本

天然气气源成本主要由四部分构成（图5-5）。

（1）矿区取得成本：是指用于购买、租赁或取得一个矿区或矿权的成本。包括租赁费、购买所发生的相关费用。

（2）勘探成本：是指为识别石油天然气储量所发生的成本。包括探井、地球物理勘探费用等。

（3）开发成本：是指获得探明储量和用于提供集输净化设施发生的成本。主要包括生产井的钻井及为达到生产状态所需的地面配套工程。

（4）生产成本：是指对石油天然气进行聚集、处理加工和储存所发生的成本。主要包括作业于井站设施的人工费用、维护及修理费用、材料费用、设施作业费用、运行管理费用及相关的税费等。

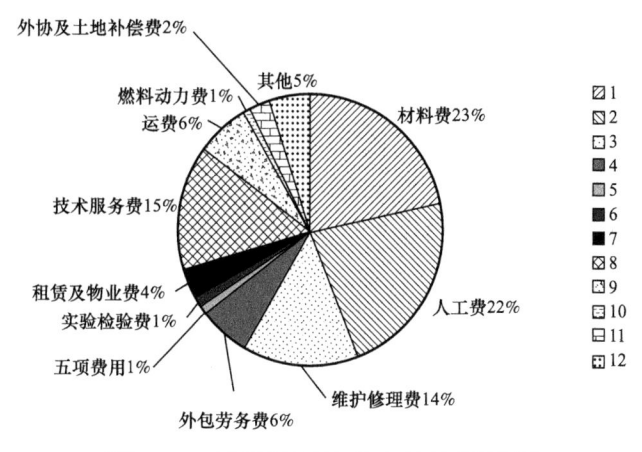

第五章 天然气产业链协同优化方案分析——以川渝地区为例

图 5-5 某采气厂的成本结构图示例

作为中长期战略决策层面的天然气产业链协同优化研究，不必具体深入每块矿区的具体财务细节，只需要输入宏观上的统计和预测成本，便于计算有效的协同优化即可。

由于分矿区汇总或具体成本数据缺失，又鉴于川渝地区天然气分布广泛，川渝天然气对区域内、东部地区以及云贵等地具有广泛的潜在供应需求，本书中设置的气源成本为川渝地区统一的天然气井口价 1.17 元/立方米。

外部气源下载节点处的天然气成本主要包括天然气生产成本和长输费用。为川渝主要的外部气源的中贵联络线，其下载价格为 1.468 元/立方米。

二、管输定价与运行维护成本

（一）跨省管输定价

跨省（自治区、直辖市）输气管道价格实行政府定价，由国务院价格主管部门制定和调整。价格按照"准许成本加合理收益"原则制定，即通过核定管道运输企业的准许成本，监管准许收益，考虑税收等因素确定年度准许总收入，核定管道运输价格。对新成立企业投资建设的管道，制定管道运输试行价格，运用建设项目财务评价的原理，使被监管企业在整个经营期内取得合理回报。可行性研究报告设计的达产期后，调整为按"准许成本加合理收益"原则核定管道运输价格。

管道运输定价成本由折旧及摊销费、运行维护费构成。折旧及摊销费指与管道运输服务相关的固定资产原值、无形资产原值按照规定的折旧和摊销年限计提的费用，包括管理费用和销售费用中的折旧及摊销费。运行维护费指维持管道正常运行所发生的费用，包括直接输气成本、管理费用、销售费用。

（1）直接输气成本，包括材料费、燃料动力费、修理费、职工薪酬、输气损耗，以及其他相关费用。

材料费，指维持管道正常运行所耗用的原材料、辅助材料、备品备件以及其他直接材料的费用。

燃料动力费，指维持管道正常运行所耗用的水、电、油、气、煤等费用。

修理费，指维持管道正常运行所进行的修理和维护活动发生的费用。

职工薪酬，指为获得生产人员提供的服务而给予各种形式的报酬以及其他相关费用。具体包括：职工工资（奖金、津贴和补贴);职工福利费;基本医疗保险费、基本养老保险费、失业保险费、工伤保险费和生育保险费等社会保险费,以及按照法律法规规定为职工缴纳的补充医疗保险费和补充养老保险费;住房公积金;工会经费和职工教育经费等。

输气损耗,指在管道运输过程中因天然气损耗折算的费用。

其他相关费用,指除以上成本因素外管道运输企业提供正常输气服务发生的其他有关费用,以及按照法律法规必须缴纳或提取的合理费用,包括安全生产费用、青苗补偿费、水土保持费等。

(2)管理费用,指管道运输企业管理部门为组织和管理输气服务所发生的各项费用。包括管理人员职工薪酬、差旅费、会议费、办公费、业务招待费、出国经费、物料消耗、低值易耗品摊销等,不含折旧及摊销费。

(3)销售费用,指管道运输企业在销售或提供服务过程中发生的各项费用。包括销售人员职工薪酬、资料费、包装费、保险费、广告费、租赁费、物料消耗、低值易耗品摊销等,不含折旧及摊销费。

(二)省内管输定价

鉴于管道建设主体比较单一,具备统一定价条件,另外为均衡各地天然气市场和当地经济的发展,川渝地区实行统一的管输费 0.15 元/立方米。

（三）管输定价与管输成本的关系

管输定价由管输定价成本与合理的盈利（管输利润）共同构成，其中管输定价成本由折旧及摊销费、运行维护费构成。一般而言，对于已建管道，折旧及摊销费作为固定参数项加入利润目标函数的话，并不构成对产运储销方案决策的影响。协同优化时，以供应链的利润最大为原则（管输环节的利润也是供应链总利润的一部分），总成本尽可能小。已建管网的折旧及摊销费已经不可改变，新投资管网则需要考虑其经济效益和社会福利来决定是否建设。因此，目标函数中的管输成本主要对应运行维护费用。

由于缺乏具体财务指标和数值，本书考虑通过尽可能减少周转量为目的设计了营运成本参数（也可以理解为周转量惩罚系数），即运营成本与天然气周转量（运输气量×运输距离）成正比。

三、调峰成本及其他参数

XGS储气库由原XGS气田石炭系气藏改建而成。XGS储气库总投资140余亿元，其中项目建设投资约40亿元，垫底气及其他费用投资超过100亿元。

调峰成本方面也存在两种理解：其一，从财务结算上讲，利用储气库调峰能力的一方与储气库建设和运营方结算时的注气费用和采气费用实际上包括了建设费用折旧、运营费用和合理利润；其二，从供应链整体利润上讲，调峰成本则主要包括运营费用。也就是说，对于已经建设好的储气库而言，尽可能有效地利用其调峰能力，才能真正意义上使得其边际固定成本递减。

其他参数：

（1）运行压力：13.2～28兆帕；

（2）库容：42.6亿立方米；

（3）垫底气量：19.8亿立方米；

（4）工作气量：22.8亿立方米；

（5）最大注气量：1380万立方米/天；

（6）季节调峰最大采气量：1393万立方米/天；

（7）应急最大采气量：2855万立方米/天。

四、销售价格

2017年8月31日，四川省发展改革委发布《关于降低我省非居民用天然气价格的通知》，我省将全面降低非居民用天然气价格，从当年9月1日起执行。具体降价措施如下：降低我省非居民用天然气基准门站价格水平，由1.65元/立方米，降为1.53元/立方米，其中包含0.15元/立方米的管输费。

2018年6月，四川省调整居民用天然气门站价格为1.53元/立方米。

此外，还存在部分直供用户，价格会存在一定差异，但由于缺乏配套的数据支撑，在方案决策过程中，将需求都纳入了各市级行政区域的汇总数据中。

另外，对于短缺情况下的惩罚项，将利用各需求点的终端销售价格作为基准。对于需求点接入，在没有精准详细的中长期的产销、储备和支线管道数据作支撑的情况，原则是抓大放小，抓住核心产运储销环节的矛盾。因此，为应对中长期需求增长对非干线管输能力要求的增长，对局部的支线管网能力不设限。

五、优化方案计划期

一方面，管网投资要看长期效益，而另一方面，过于远期的计划没有管道建设情况等数据作为支撑。因此，优化方案的计划期设置为2018—2025年。

为了计算获得调峰方案，需要将计划时段设置为月份。算例和方案中，全年中各个月份需求量参考2015年波动情况设置（表5-2）。

表5-2 2015年需求量波动情况

月份	1月	2月	3月	4月	5月	6月	7月	8月	9月	10月	11月	12月
日供应量（万立方米）	5173	5441	5686	5709	5447	5369	5177	5022	4950	5335	5900	6200
百分比（%）	7.91	8.32	8.69	8.73	8.33	8.21	7.91	7.68	7.57	8.16	9.02	9.48

为了方便展示，中长期可视化建议对结果数据进行季度汇总。

第三节 天然气产业链协同优化方案

天然气产业链协同优化方案主要包括生产、销售、储备、管网投资等方面的决策。天然气产业链协同优化目的在于在产能和市场需求情况已知的条件下,通过平衡产销状况,全局优化管输方案以及调峰方案,最终实现综合效益最大化。

一、管网投资模拟方案

由于战略决策计划期较长,因此很难保证当前管网状态能够保障中长期产销结构下的管网调配需求。这就要求合理的中长期管网建设备选方案,在提供的复线备选方案和规划备选方案中,模型计算得出了如图 5-6、图 5-7 中黑色断续线所示的管网投资模拟建设方案。图中,随着管道输送量的增大,天然气流的颜色依照左下角的颜色带从下到上顺序逐渐变化。详细参数见表 5-3(由于后期外输天然气量太大,已经松弛掉了不能多次投资同一管段的约束)。

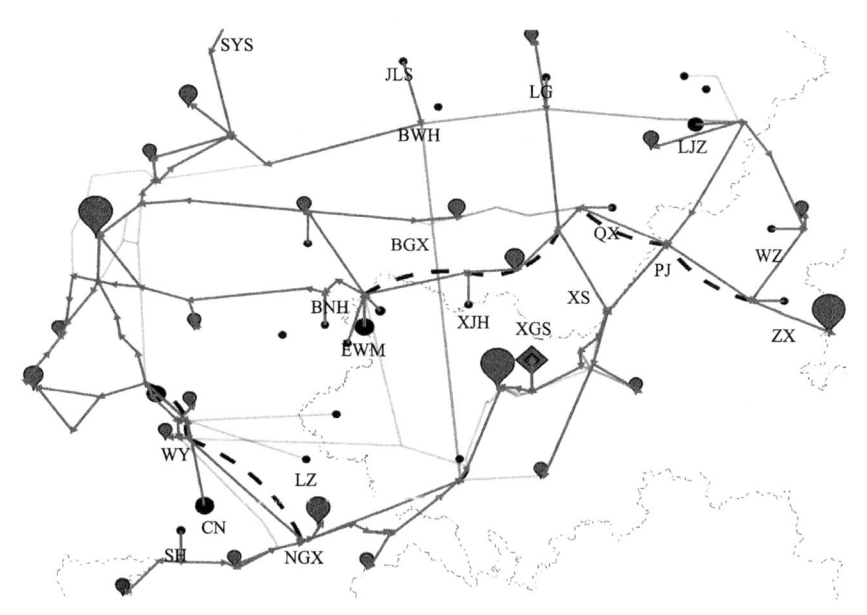

图 5-6 天然气管网投资 2020 年效果

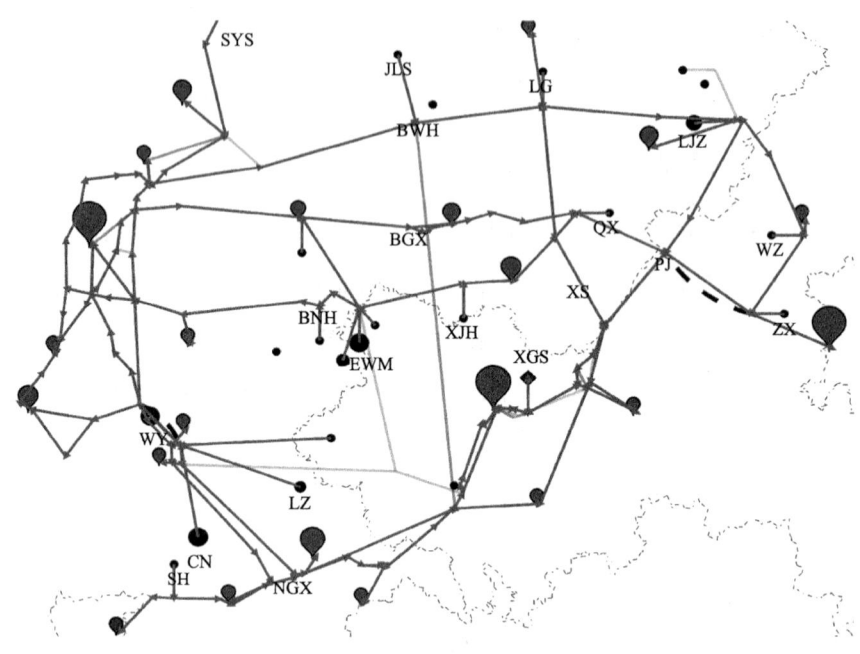

图 5-7 天然气管网投资 2022 年模拟效果

表 5-3 天然气输送管道模拟投资方案

起点	终点	开始使用年份	管径（mm）
GA 阀室	TSM 阀室	2020	711
WY 输气站	HB 阀室	2020	711
WY 输气站	HB 阀室	2022	711
XX 输气站	GA 阀室	2020	813
MX 输气站	TSM 阀室	2020	711
CJ 输气站	HB 阀室	2020	610
CJ 输气站	CJN 阀室	2020	711
NX 西输气站	CJN 阀室	2020	711

第五章 天然气产业链协同优化方案分析——以川渝地区为例

续表

起点	终点	开始使用年份	管径（mm）
JJ 输气站	JT 阀室	2020	711
PJ 输气站	QX 输气站	2020	711
ZX 输气站	PJ 输气站	2020	711
ZX 输气站	PJ 输气站	2022	711
ZX 输气站	PJ 输气站	2020	813
ZX 输气站	PJ 输气站	2022	813

根据方案计算结果可知，管网运输瓶颈主要产生于两大产销结构因素：

（1）随着川中下古生界—震旦系产量大幅增长，川渝地区的天然气产量不但逐渐达到了自给自足的区域内产销平衡状态，而且将成长为向川渝以东地区甚至西南其他诸省供气的重要气源地。由于云、贵两地的预测销量较少，计算方案中将外输气主要设置在了"川气东送"方向，具体设置在了"ZWX"的起点。在这种条件下，东输的天然气给管道输送能力带来了巨大挑战，因此在2020年和2022年分别出现了北内环和川东北管网的复线方案。

（2）随着蜀南页岩气产量的大幅增长和整个川渝地区老气田产量的递减，以及各地天然气需求量尤其是成都、重庆两地需求量的大幅增长，蜀南页岩气对所在地区、成都、重庆都产生了巨大的保供责任。因此，南干线西段现有管线无法适应大规模的气量增长，需要进行管网投资建设。

需要说明的是，规划预研中的一些管道在最终方案中未被选中，其原因在于：

（1）配套数据的缺失，尤其是对市场开拓带来的新增需求点及其需求量等相关数据。

（2）蜀南页岩气接入干线管网方案和数据缺失，如果有具体的不同接入点，可能产生不同结果，尤其是，规划管道投资方案中的部分管段将与蜀南页岩气集输管网配套和连通。

针对上述情况，将在后续参数敏感性分析环节做进一步讨论。

总的来讲，管网投资方案基本反映了川渝地区产销结构动态变化带来的对输配能力结构要求的变化，为外输天然气、蜀南页岩气的销售结构、管输能力要求有了一定量化的认知，为规划不同方向外销天然气规模、增大局部管输能力或开辟新的管道线路提供了参考数据。例如，可以进一步讨论到底主要向东部供气还是大幅增加向西南各省的供应，也就是外输气在"川气东送"和"中贵联络线"这两个方向的分配和对应的管道输送能力建设。

二、生产模拟方案

受气田生产规律的影响，老气田产量逐渐降低，但川中的LWM、GS1井、MX二期等产量增加，尤其是2020年后，产能有大幅度提升；蜀南的页岩气也有跨越式发展，产能的大幅提升对蜀南、成都、川西和重庆提供用气保障，并且有向云贵地区大幅提升供应的潜力。

第五章　天然气产业链协同优化方案分析——以川渝地区为例

天然气生产模拟方案主要表现为受宏观供需结构的影响，产量大幅提升，尤其是从计划期开始，川渝地区对外部气源的需求量（主要来自中贵联络线南部和江津两个下载节点）就一直为 0；并且从 2019 年开始，通过"川气东送"向东部供气，而供应量也逐年大幅上涨。

天然气生产模拟方案见表 5-4，其中老气田分布在川渝各地，主要通过 QX 站、WZ 站、ZX 站、SH 阀室以及 MXLQT 经 BM 线、AY 气田经 YJW 阀室进入干线管网。

表 5-4　天然气生产模拟方案　　　单位：亿立方米

气源\年份	2018	2019	2020	2021	2022	2023	2024	2025
LQT	46	40	38	37	34.9	35	35	35
LG 地区	6	6	6	5	5	5	4.5	3.5
XJH	3	4.65	6	6	5	5	3.5	3
SYS	1.05	3.3	5	7	7.3	7.3	7.3	7.3
JLS	0.52	3	5	5	5	5	5	3.5
LWM	72.591	71.863	77.644	79.289	78.675	90	90	90
GS1 井	2.721	3.4	8.379	20	20	14.699	16.179	15.627
MX 二期	1.995	3.85	13.99	3.08	4.419	20	20	20
LJZ	29	30	30	30	30	30	30	30
TSP	0	0	0	0	0	0	0	10
CN	20	38.046	55	56	70.785	59.234	68.635	59.988
WY	22	38.604	55	54.5	66.475	74.044	73.841	72.579
LZ	0	0	0	6	17.03	27.5	16.39	26.124
YX	0	0	0	4	8.157	5	7.116	7.5

图5-8和图5-9分别展示了2020年和2025年的天然气生产模拟方案。虽然整体上天然气生产量呈大幅增长，由2018年的204亿立方米增加到2025年384亿立方米，但结构上也发生了一些变化。首先，川中的LWM、GS1井、MX二期等气田的增量，很大一部分将用于满足外输天然气需求；其次，分布广泛的LQT的产量下降，需要由几个较集中的地区来替代，产生结构性变化，对管输方案产生新的要求；西北部的SYS气田产量稳步提升对德阳、绵阳等地的供应压力有所缓解，JLS气田产量稳步增加至逐渐平稳，从2025年开始有所下降，对BWH部分的天然气供应压力有所缓解；川中下古生界—震旦系和蜀南页岩气产量的大幅增加不但使得川渝地区成为天然气净输出产地，而且随着成都和川西地区对ZGX下载气源的依赖逐渐解除，周边管输方案，尤其是BWH的功能，发生了巨大改变；川东北及其附近如LG、LJZ虽然一直较稳定产气，但随着产销结构的变化，其供应目标发生了变化，到了后期，它们都不再需要向川渝中西部以及重庆供气，而更多地提供了外输气。

三、销售方案

天然气销售方案要求优先保供民用天然气，不能被满足的民用天然气需求则以当地终端价格的25%作为社会福利惩罚项，尤其是成都和重庆市区，设置终端售价的35%作为惩罚项。非居民用天然气以90%的需求满足率下限为标准，低于此下限的短缺量以当地非居民天然气终端售价的10%作为

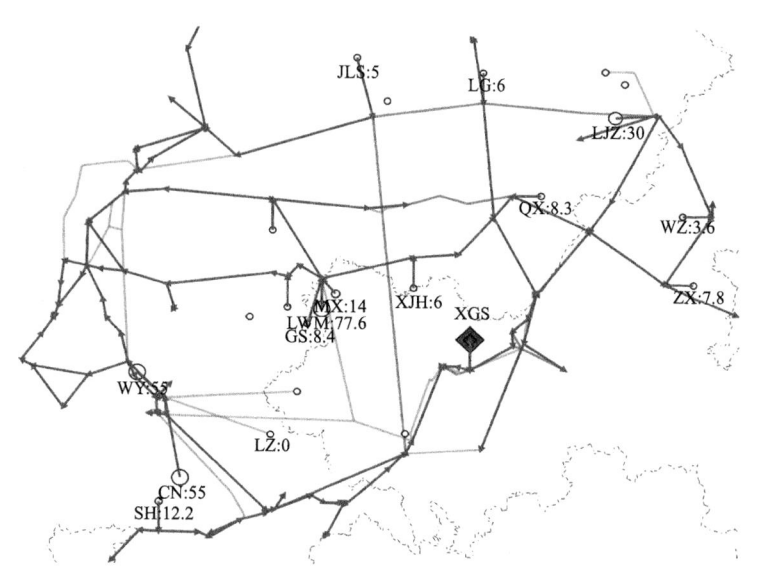

第五章 天然气产业链协同优化方案分析——以川渝地区为例

图 5-8　2020 年天然气生产模拟方案

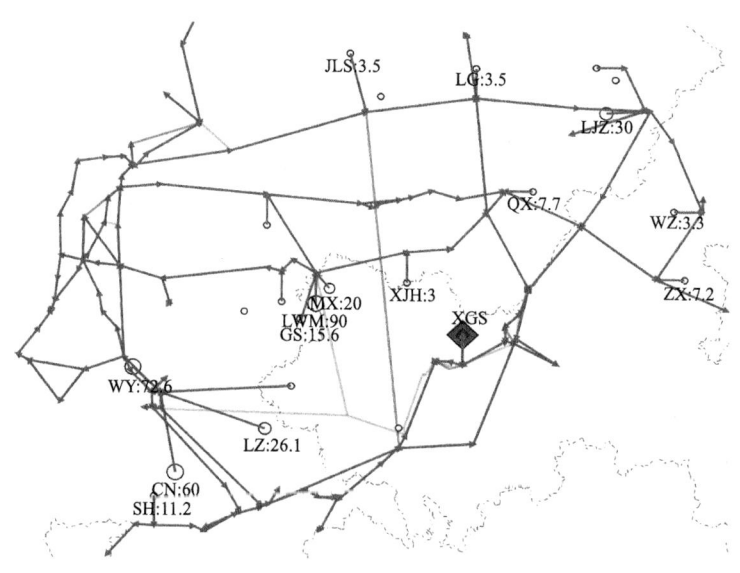

图 5-9　2025 年天然气生产模拟方案

惩罚（成都和重庆市区按95%需求满足率为下限，15%的终端售价作为惩罚）。外输气以90%为满足率下限，30%的离川渝最近的外输气的门站价作为惩罚。当然，上述需求满足率下限和惩罚项参数可以进一步讨论和调整。也就是说，如果需求得不到满足，不但会损失掉本可以获得的销售收入，超出下限的短缺量还会产生负向的效益，降低整体绩效（利润+社会福利）。

表5-5给出了天然气销售模拟方案。可以看出，成都和重庆市区是川渝地区两个核心的需求点，占了区域内总需求的近一半。成渝两地的天然气需求总是被最优先满足，而且随着蜀南页岩气、川中下古生界—震旦系的产量不断增长，两地（尤其是成都）的保供压力也越来越小。此前，成都和川西的天然气除了依赖于川中的部分天然气，主要还包括来自LG、QX，甚至从ZG线下载的天然气。图5-10和图5-11分别展示了2020年和2025年的天然气销售模拟方案。

表5-5 需求满足（销售）模拟方案　　单位：亿立方米

需求点	2018年	2019年	2020年	2021年	2022年	2023年	2024年	2025年
成都市居民	25.3	27.2	29.8	30.5	31.1	31.8	32.5	33.2
宜宾市居民	3.0	3.3	3.4	3.5	3.6	3.7	3.9	4.0
乐山市居民	5.1	5.4	5.4	5.5	5.7	5.8	5.9	6.1
眉山市居民	3.5	3.4	3.5	3.6	3.8	3.9	4.1	4.3
遂宁市居民	3.4	3.4	3.6	3.8	3.9	4.1	4.2	4.4
内江市居民	2.3	2.5	2.5	2.6	2.7	2.8	2.9	3.0

第五章　天然气产业链协同优化方案分析——以川渝地区为例

续表

需求点	2018年	2019年	2020年	2021年	2022年	2023年	2024年	2025年
南充市居民	4.1	4.2	4.4	4.6	4.7	4.9	5.0	5.2
广安市居民	4.6	4.9	5.1	5.3	5.6	5.8	6.0	6.2
绵阳市居民	4.4	4.6	4.9	5.0	5.2	5.4	5.5	5.7
巴中市居民	1.1	1.2	1.4	1.4	1.5	1.5	1.5	1.6
德阳市居民	2.5	2.6	2.6	2.7	2.9	3.0	3.1	3.3
达州市居民	3.0	3.7	3.9	4.4	4.8	5.4	6.0	6.6
自贡市居民	2.8	2.9	3.0	3.1	3.2	3.3	3.4	3.5
资阳市居民	1.3	1.4	1.5	1.5	1.5	1.6	1.6	1.6
泸州市居民	7.9	7.3	7.3	7.4	7.5	7.6	7.6	7.7
重庆市区域居民	37.2	37.9	39.2	40.2	41.2	42.3	43.3	44.4
涪陵区域居民	5.4	5.5	5.3	5.4	5.4	5.5	5.6	5.7
万县区域居民	3.6	4.0	4.5	4.7	4.8	4.6	5.2	5.3
渝东南区域居民	0.1	0.1	0.1	0.1	0.1	0.1	0.1	0.1
云南省居民	0.4	0.4	0.5	0.6	0.7	0.8	0.9	1.1
成都市非居民	20.7	21.0	23.5	23.9	24.2	24.6	25.0	25.4
宜宾市非居民	2.4	2.6	2.7	2.8	2.8	2.9	3.0	3.0
乐山市非居民	4.2	4.1	4.3	4.3	4.4	4.5	4.6	4.6
眉山市非居民	2.8	2.6	2.7	2.8	2.9	3.0	3.1	3.2
遂宁市非居民	2.7	2.6	2.9	3.0	3.0	3.1	3.2	3.3

续表

需求点	2018年	2019年	2020年	2021年	2022年	2023年	2024年	2025年
内江市非居民	1.9	1.9	2.0	2.0	2.1	2.1	2.2	2.3
南充市非居民	3.3	3.3	3.5	3.6	3.7	3.7	3.8	3.9
广安市非居民	3.7	3.8	4.1	4.2	4.3	4.5	4.6	4.8
绵阳市非居民	3.5	3.6	3.8	3.9	4.0	4.1	4.3	4.4
巴中市非居民	0.9	1.0	1.1	1.1	1.1	1.2	1.2	1.2
德阳市非居民	2.1	2.0	2.1	2.2	2.2	2.3	2.4	2.5
达州市非居民	2.5	2.8	3.1	3.4	3.8	4.2	4.6	5.1
自贡市非居民	2.2	2.2	2.3	2.4	2.5	2.5	2.6	2.7
资阳市非居民	1.0	1.0	1.1	1.2	1.2	1.2	1.2	1.3
泸州市非居民	6.4	5.6	5.8	5.8	5.8	5.8	5.9	5.9
重庆市区域非居民	15.3	14.9	15.9	16.5	17.1	17.8	18.5	19.2
涪陵区域非居民	2.2	2.2	2.1	2.2	2.3	2.3	2.4	2.5
万县区域非居民	1.5	1.6	1.8	1.9	2.0	1.8	2.1	2.1
渝东南区域非居民	0.0	0.0	0.1	0.1	0.1	0.1	0.1	0.1
云南省非居民	3.3	2.7	2.9	2.8	2.7	2.7	2.6	2.5
贵州省非居民	0.2	0.3	0.4	0.5	0.5	0.6	0.7	0.8
外输气	0.0	36.5	71.9	77.2	121.8	141.2	136.3	138.1

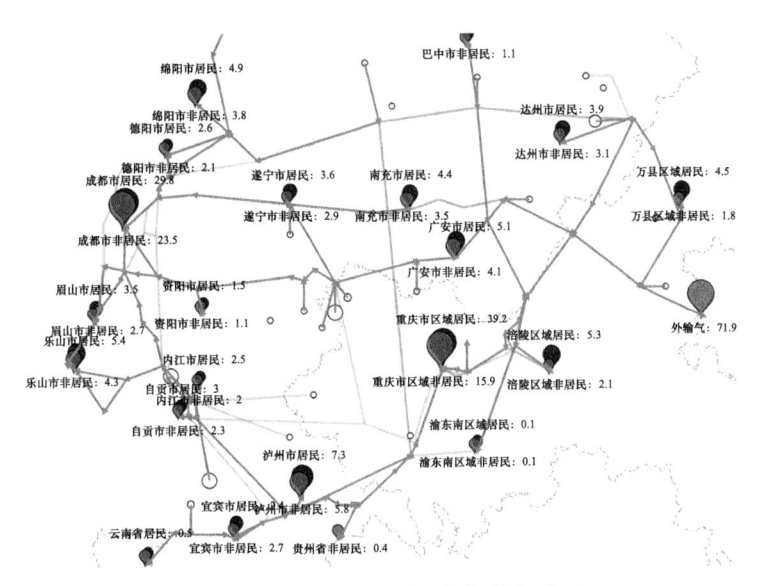

第五章 天然气产业链协同优化方案分析——以川渝地区为例

图 5-10 2020 年天然气销售模拟方案

图 5-11 2025 年天然气销售模拟方案

除了川渝地区销售的天然气，最大一笔天然气销售来自外输气（表5-6）。由计算结果可知，外输气在2018年还是0，在2019年就有了快速成长，达到36亿立方米，之后不断增加，在2025年更是达到了接近140亿立方米。而事实上，实际的外销气量可能远远大于这一水平。这是因为本书采用了天然气产量预测数据作为产能约束，这使得分配到每个月的产能较实际可控范围偏低。而随着天然气需求量的大幅增长，季度调峰需求也将大幅增长。数据不匹配——低产能约束和高调峰需求，加之未能提供较完善储运设施建设规划数据，最终可能导致很难得到合理的解。因此，在用月平均产量预测数据作为产能约束时，要对应降低外输气需求数据，以保证调峰需求在能力范围之内，所示方案中的数据就进行了类似处理。若产能约束数据与外输气需求数据都是相对详尽和准确的，则不会出现上述需求要调整的情况，可通过模型计算直接得出。

表 5-6　外输气满足率变化情况

年份	1 季度	2 季度	3 季度	4 季度
2018	1	1	1	1
2019	1	1	1	1
2020	1	1	1	1
2021	1	1	1	1
2022	1	1	1	1
2023	0.961	1	1	0.933
2024	0.993	1	1	0.945
2025	0.982	1	1	0.938

第五章 天然气产业链协同优化方案分析——以川渝地区为例

随着外输气需求量的大幅增长以及波动带来的调峰需求不能被储运设施完全满足，从2023年开始，外输气需求在年初、年末的高峰期已经不能100%获得满足（但仍在需求满足率下限以上）。另外一个可能短缺的地方是WX，这主要源于综合绩效体系下的取舍。如果针对实际情况设置更详细、多梯度的惩罚项系数标准，会产生不同情况的解。这也是参数敏感性分析需要探讨的，一方面，东部城市经济发展程度高，对天然气保供要求高；另一方面，东部沿海在天然气需求高峰可以通过LNG等多种方式获得天然气供应。因此，对外输气保供参数可以做更多探讨。

以上方案主要是在预期外输天然气用于满足"川气东送"需求情况下的。实际上，如果外输气已经达到了百亿以上的规模，应该更多考虑向西南其他省份供应更多天然气的可能。例如，通过ZGX向贵州等地供气。在这类情况下，向东、南两个方向输配，天然气管输方案更灵活，能力限制更少，需求满足率或可大幅提升。

四、年度管输方案

（一）2018年天然气流向模拟分析

2018年A公司天然气总销售量204亿立方米，在此条件下模拟确定2018年天然气总体流向，如图5-12所示。

（1）LG所产天然气满足附近需求后，同JLS所产天然气，共计5亿立方米，全部输往川西北地区（主要是德阳、绵阳等地）。

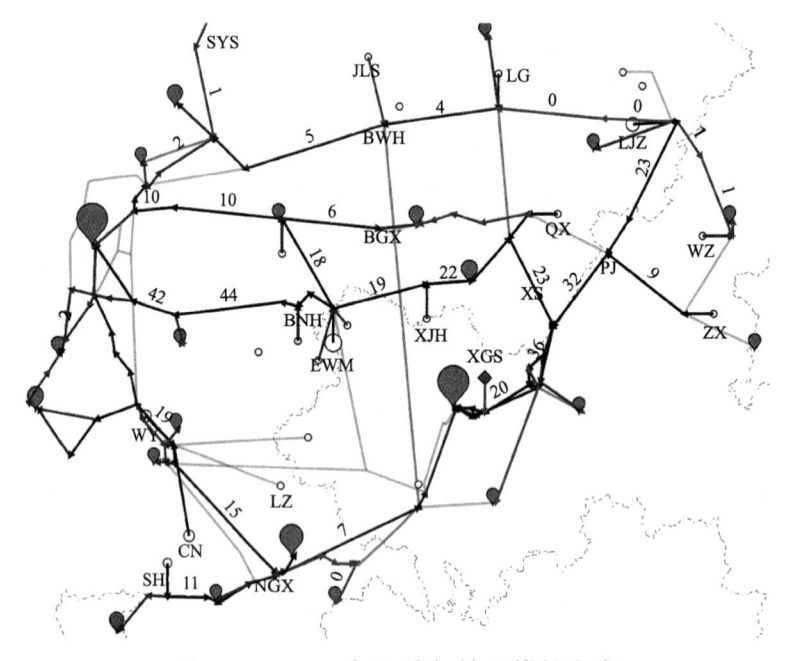

图 5-12 2018 年天然气输配模拟方案

（2）盆地东部地区 LJZ 气田、WZ 站、ZX 站等气源在满足周边天然气需求后，共计 32 亿立方米，从 PJ 输气站方向输往重庆；QX 站（9 亿立方米）、LWM 与 XJH 等气源东输气满足广安等地需求后（剩余 13.6 亿立方米），共同从 XS 线输往重庆 22.6 亿立方米。

（3）盆地中部地区除东向供应重庆需求部分外，全部供成都及川西地区市场需求，主要利用了 BGX、BNH 等干线管网。

（4）盆地南部地区蜀南气矿生产天然气供应周边需求后，剩余 6.6 亿立方米通过 NGX 东段输往重庆地区，19 亿立方米通过 NGX 西段供应成都及川西地区。

（二）2019年天然气流向模拟分析

2019年A公司天然气总销售量244亿立方米，在此条件下模拟2019年天然气总体流向，如图5-13所示。

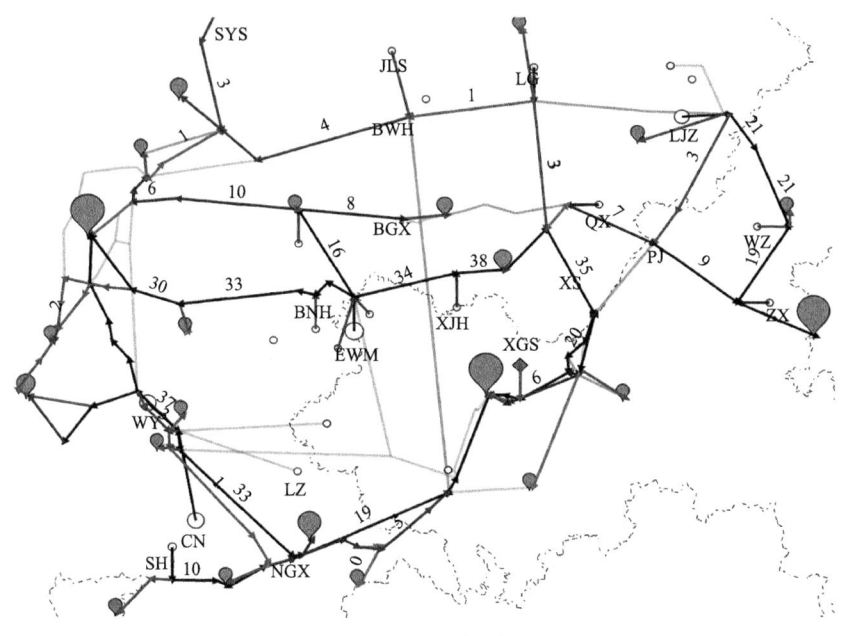

图5-13　2019年天然气输配模拟方案

（1）LG所产天然气满足附近需求后，同JLS所产天然气，共计4亿立方米，输往德阳、绵阳等地，另有2.7亿立方米经LX线输往重庆。

（2）盆地东部地区LJZ气田、WZ站、QX站、ZX站等气源在满足周边天然气需求后，共计36.5亿立方米，输往ZWX；LWM与XJH等气源东输气满足广安等地需求后（剩余29.7亿立方米），从XS线输往重庆。

（3）盆地中部地区除东向供应重庆需求部分外，全部供成都及川西地区市场需求。主要利用了BGX、BNH等干线管网，BNH西输方向主要向成都地区保供，经BM线和BM复线送往BGX的天然气，向东保供南充，向西保供绵阳、德阳等地。

（4）盆地南部地区蜀南气矿生产天然气供应周边需求后，剩余24亿立方米通过NGX东段输往重庆地区，36.5亿立方米通过NGX西段供应成都及川西地区。

（三）2020年天然气流向模拟分析

2020年A公司天然气总销售量292亿立方米，在此条件下模拟2020年天然气总体流向，如图5-14所示。

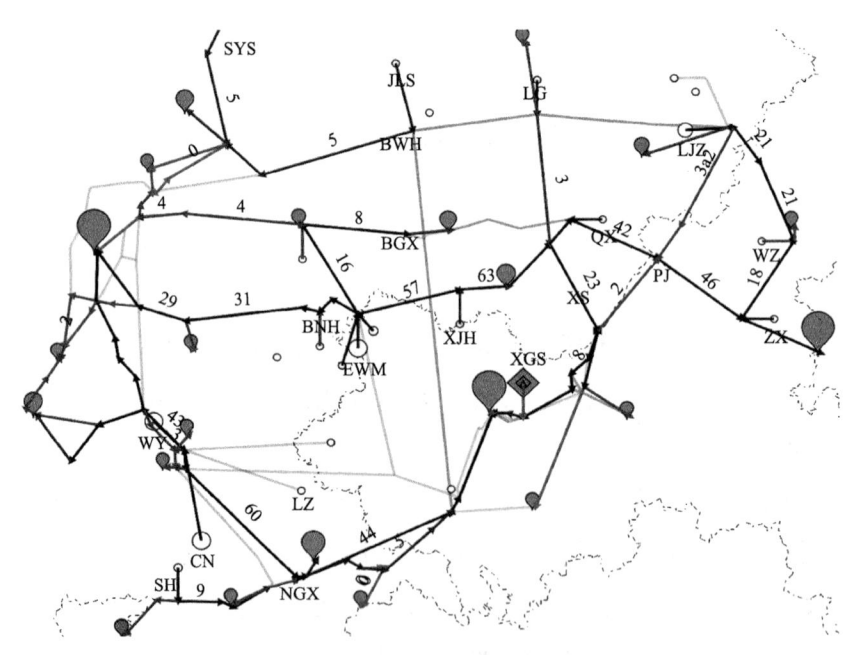

图5-14 2020年天然气输配模拟方案

（1）LG所产天然气满足附近需求后经LX线（剩余3.5亿立方米）输往重庆；JLS、SYS所产天然气，共计10亿立方米，输往德阳、绵阳等地。

（2）盆地东部地区LJZ气田、WZ站、QX站、ZX站等气源在满足周边天然气需求后，同LWM与XJH等气源东输气（34亿立方米），共计72亿立方米，输往ZWX；另有LWM与XJH等气源东输气（20亿立方米）通过XS线输往重庆。

（3）盆地中部地区除东向供应重庆需求和外输气需求外，全部供成都及川西地区市场需求。主要利用了BGX（12亿立方米）、BNH（31亿立方米）等干线管网，BNH西输方向主要向成都地区保供，经BM线和BM复线送往BGX的天然气，向东保供南充，向西保供成都、德阳等地。

（4）盆地南部地区蜀南气矿生产天然气供应周边需求后，剩余49亿立方米通过NGX东段输往重庆地区，43亿立方米通过NGX西段供应成都及川西地区。

值得一提的是，要实现上述天然气输配方案，需要在2020年前建设完成选中的对应复线投资项目，或者通过其他管网投资方案将需要东输的天然气顺利输送到ZWX。

（四）2025年天然气流向模拟分析

2025年A公司天然气总销售量391.9亿立方米，在此条件下模拟2025年天然气总体流向，如图5-15所示。

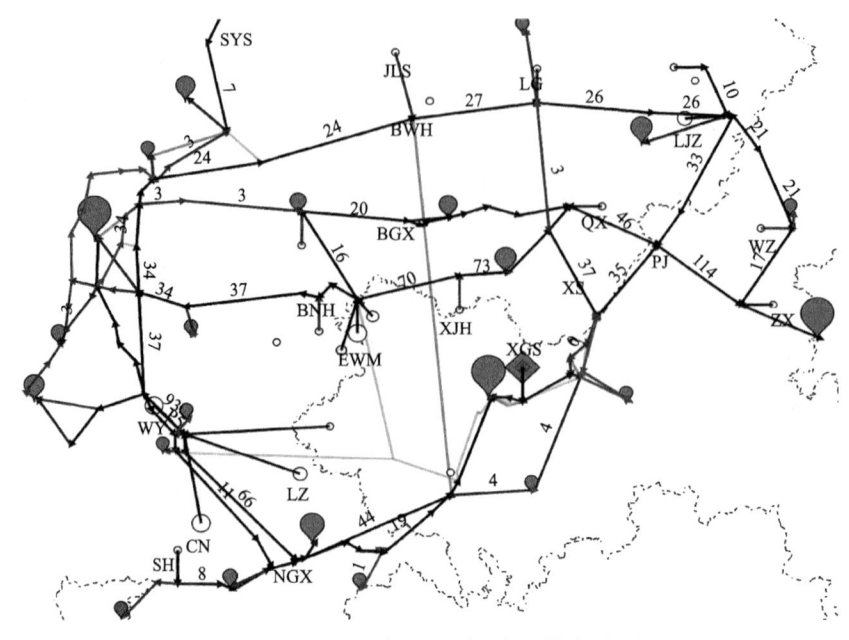

图 5-15　2025 年天然气输配模拟方案

（1）LG、JLS 所产天然气满足附近需求后，由于东输需求巨大，输往 ZWX，不再输往重庆；SYS 所产天然气输往德阳、绵阳等地。

（2）盆地东部地区 LJZ 气田、WZ 站、QX 站、ZX 站等气源在满足周边天然气需求后，同 LWM 与 XJH 等气源东输气，一并输往 ZWX；LWM 与 XJH 等气源东输气不再输往重庆。

（3）盆地中部地区除通过 BNH 满足东输需求外，还利用了 BGX、BWH 等干线管网向东输气，此时，东输管道瓶颈明显。

（4）盆地南部地区蜀南气矿生产天然气供应周边需求后，

部分通过 NGX 东段输往重庆地区，部分通过 NGX 西段供应成都及川西地区，甚至少部分成为外输气。

2025 年天然气流向分布是在现有管网条件和少部分复线投资方案完成条件下的最优调配方案。并且，外输天然气都是假设通过"ZWX"东输，这样导致对主要由川中生产的大量外输气管输能力不足。主要表现为：

（1）BNH 东输和方案中选中的复线方案输送能力都被完全使用；

（2）需要通过 BGX 向东输送大量天然气；

（3）川中或蜀南的天然气绕道从 BWH 向东输送。

综上，可以通过以下方案缓解管输压力：

（1）建设专门的外输天然气管道项目；

（2）建设 BWH、BGX、BNH 的联络专线；

（3）外销气多元化，如通过 ZG 线外销更多天然气。

五、储气库调峰模拟方案

表 5-7 给出了 XGS 储气库旨在满足川渝地区天然气供应以及主要向"川气东送"项目供应外输天然气的模拟条件下，每年向储气库总注采气量。

表 5-7　XGS 储气库调峰模拟方案　　单位：亿立方米

注采气量	2018 年	2019 年	2020 年	2021 年	2022 年	2023 年	2024 年	2025 年
总注气量	1.5	0.3	8.6	10.2	0.8	4.5	4.7	2.9
总采气量	0.4	1.7	0.6	0.8	2.7	6.7	10.1	10.5

由于缺乏对全国管网冬季综合调峰保供的相关参数，该方案偏向保守，注采气量不大。但数据仍充分展示了调峰需求在后期激增的趋势，即采气量逐年增加，意味着需求峰谷差的绝对量逐年增加，对储气库调峰提出越来越高的要求。这还不包括由于衡量管网投资成本收益情况而放弃的部分需求量，这部分需求实际上也是未被满足的调峰需求。

六、按季节汇总调峰和管输调配模拟方案

（一）2018年各季度管输模拟方案

通过汇总数据显示，2018年各季度管输模拟情况如图5-16（a）第1季度所示。可以看出：

（1）2018年全年，川中气源向成都和川西地区供应气量一直处于较稳定状态；川中向重庆供应气量在年初和年末高峰期都较其他时间有明显增幅。

（2）蜀南页岩气由于用气高峰时期向其周边以及成都地区保供压力增大，向重庆输送天然气量明显减少。该条件下，重庆天然气短缺部分主要由川中气源以及XGS储气库补充。

（3）第2和3季度是需求淡季，可以通过LG和川中来气向XGS储气库注气。

（4）受到调峰影响的气源主要是川中的气源，其他气源包括LG、XJH、SYS、JLS、蜀南页岩气等生产一直较为稳定。其中，蜀南页岩气输配方案在淡旺季有所区别，其他气源的输配也较稳定。

第五章 天然气产业链协同优化方案分析——以川渝地区为例

(a) 第1季度输配模拟方案

(b) 第2季度输配模拟方案

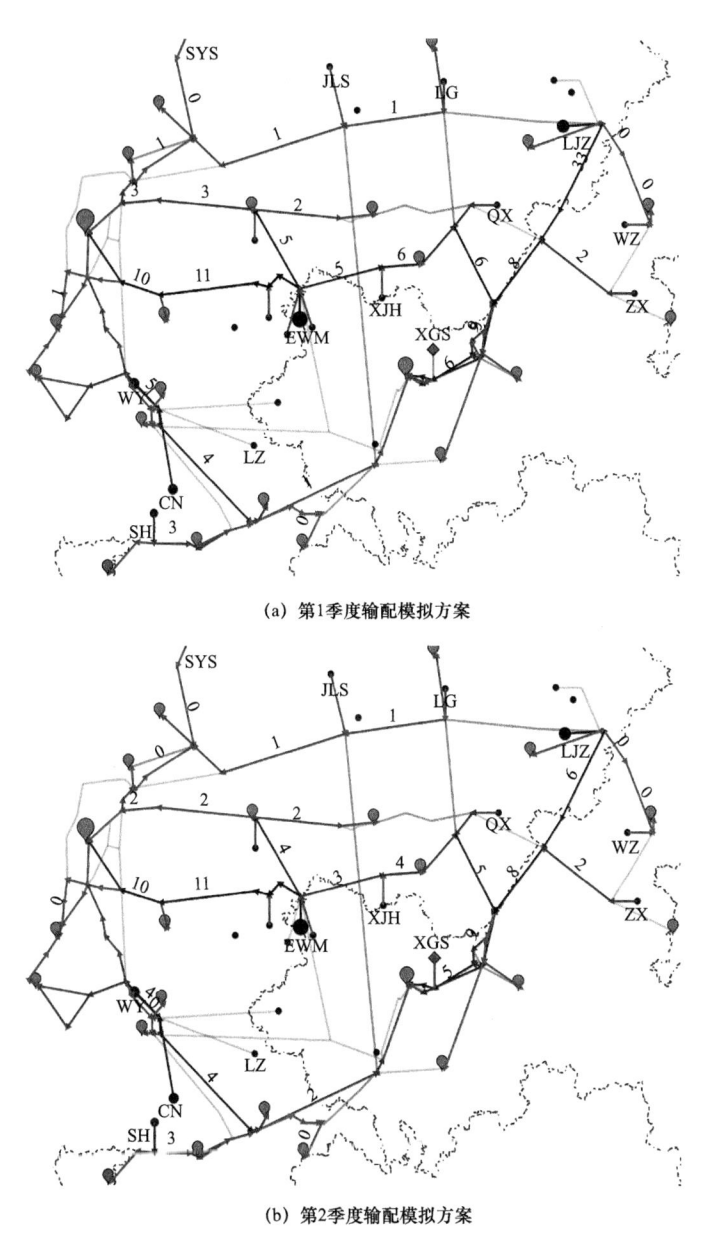

图 5-16 2018年各季度天然气输配模拟方案

(c) 第3季度输配模拟方案

(d) 第4季度输配模拟方案

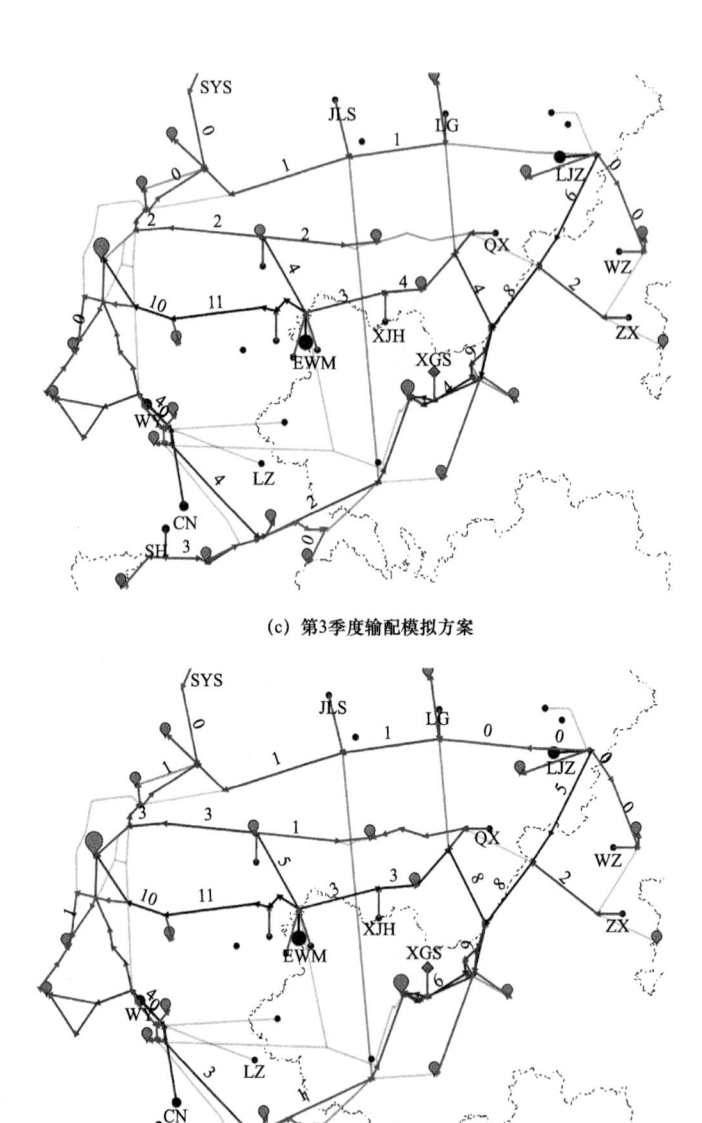

图 5-16 2018 年各季度天然气输配模拟方案

（二）2020年各季度管输模拟方案

2020年各季度管输情况由于需求峰谷变化有所差异，另一方面由于整体产销结构的改变，同2018年各季度的管输模拟情况相比，也产生了明显的变化，如图5-17所示。

首先，从年内各季度对比分析：

（1）2020年全年，川中气源向成都和川西地区供应气量不再一直处于稳定状态，在年初和年末都较其他时间有明显增幅；川中东输气在年初和年末高峰期都较其他时间有明显增幅，其中，向重庆供应气量在高峰期有较小的增幅；此外向BGX输送气量也有类似趋势。

（2）蜀南页岩气的输配方案较为稳定，分别稳定向周边需求点、重庆、成都和川西地区供气。

（3）很大一部分调峰需求将由"川气东送"对应需求点产生，在假设与川渝地区峰谷需求比例类似的情况下，其高峰期调峰需求都基本由川中气源满足。

（4）作为需求淡季的第2和3季度，可以通过LG、川中或蜀南来气向XGS储气库注气。若要保持川中气源生产的平稳，则建议增加储气库调峰量。

（5）受到调峰影响的气源主要是川中的气源，其他气源包括LG、XJH、SYS、JLS、蜀南页岩气等生产一直较为稳定，输配方案也较稳定。

其次，2020年输配方案同2018年输配方案相比：由于蜀南页岩气产量大幅增长，2020年川中气源向成都和川西地区供气量减少；同时，由于外输气大增，2020年川中气源东输

(a) 第1季度输配模拟方案

(b) 第2季度输配模拟方案

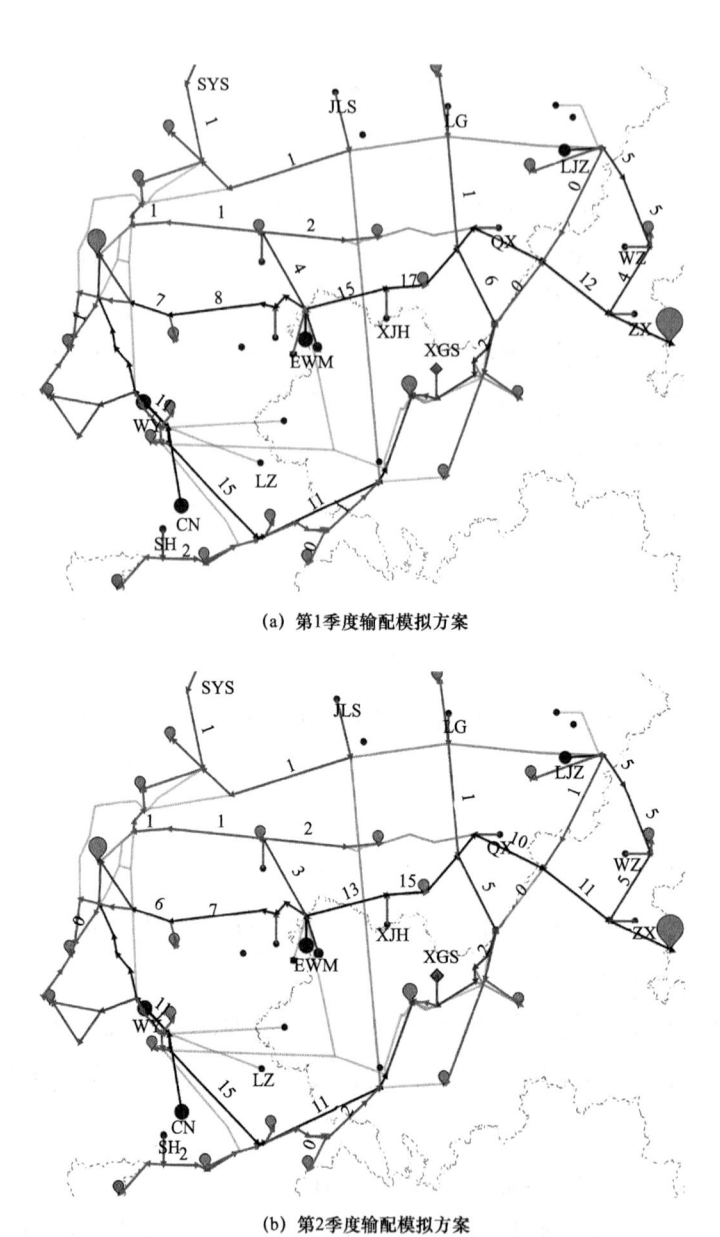

图 5-17　2020 年各季度天然气输配模拟方案

第五章　天然气产业链协同优化方案分析——以川渝地区为例

(c) 第3季度输配模拟方案

(d) 第4季度输配模拟方案

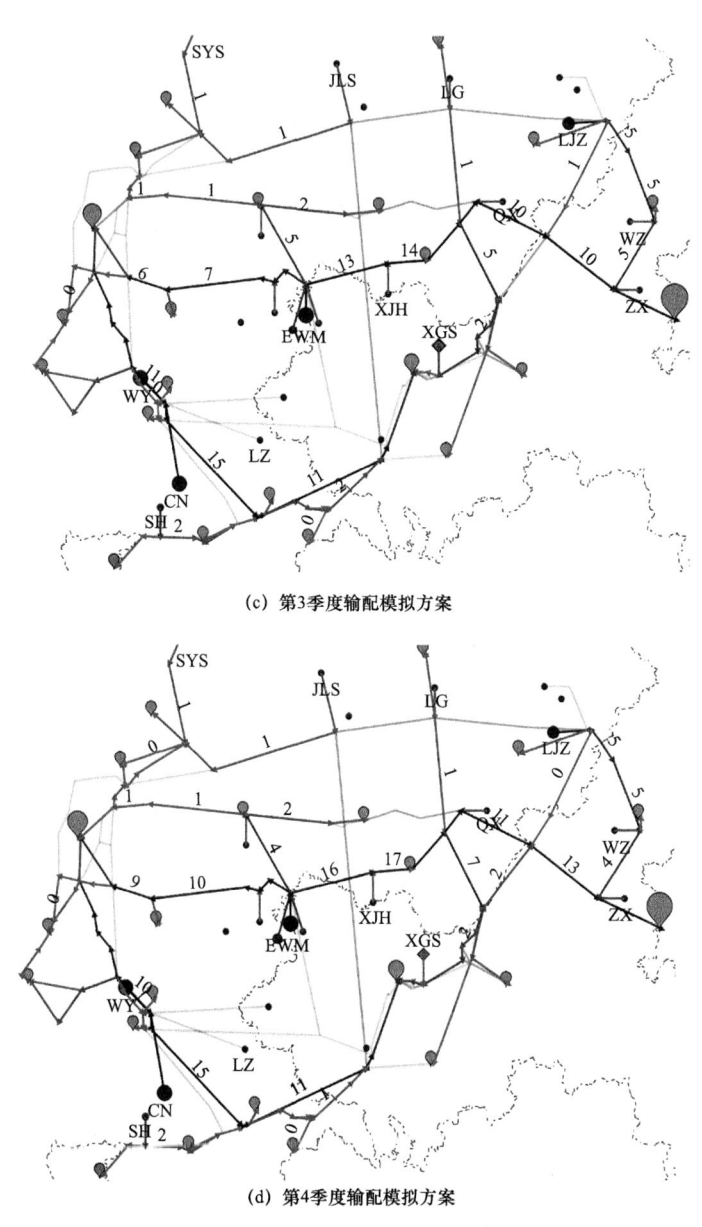

图 5-17　2020 年各季度天然气输配模拟方案

天然气量大幅增加；川东北等产地的天然气由向重庆保供，转为对外输送。

第四节 参数敏感性分析

敏感性分析是为了分析一个系统（或模型）的状态或输出变化对系统参数或周围条件变化的敏感程度。在最优化方法中，经常利用敏感性分析来研究原始数据不准确或发生变化时最优解的稳定性。通过敏感性分析还可以决定哪些参数对系统或模型有较大的影响。因此，敏感性分析几乎在所有的运筹学方法中以及在对各种方案进行评价时都是很重要的。

一、管道投资方案参数的影响

由于非复线管道投资方案往往意味着对生产气源或需求市场的进一步开拓，但是由于没有对应新增需求点等配套数据，导致这类管道投资方案在模型计算过程中未被选择。但是该类管道建设同时可能引起天然气输配格局的变化，缺失这部分可能比较合理的管道建设，将影响中长期产运储销结构的预判。为应对这种情况，可以适当修改对应管道投资方案的参数，以反映其潜在的效益，抵消掉部分甚至全部的固定投资。在此以CJ-JJ的管道建设方案为例，在适当调整投资参数的情况下，并将YX页岩气接入永川，生成结果如图5-18所示。从2021年开始，随着YX页岩气开始生产，这部分管道将发挥其作用，将页岩气输送到重庆。该结果说明，管网投资参数对产运储销协同优化方案具有一定影响。

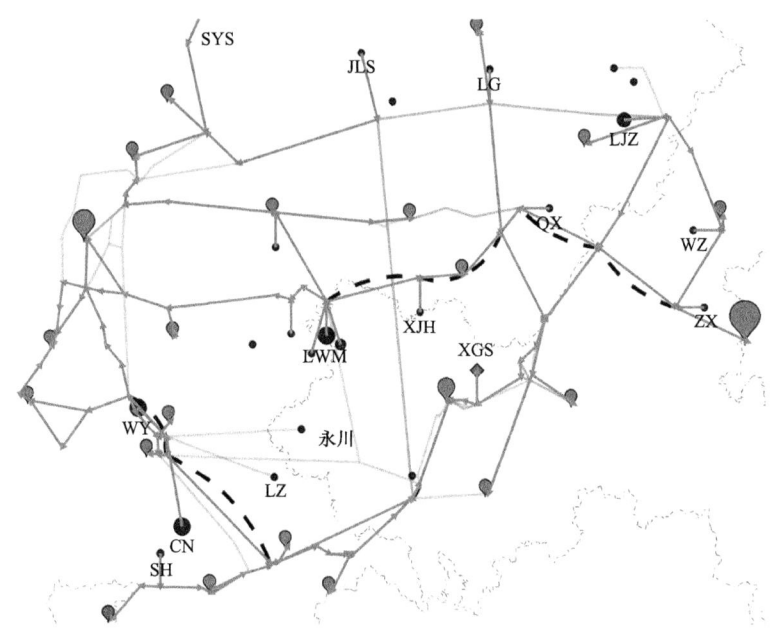

图 5-18 调整参数后的管道投资模拟方案

二、外输气多元化的影响

由于将外输气全部输往"ZWX"导致巨大的管网输配负担，可以考虑通过 ZGX 外销部分天然气。增加 ZGX 外输需求，修改参数，并构建"MX-TL"的配套管网，生成结果如图 5-19 所示。可以看出，BWH 不再因为"川气东送"的巨大需求量而成为东输管道，仍旧作为 LG 等气源的西输管道。该结果说明，随着天然气外销气量的大规模增长，外销结构（需求数据结构）将对产运储销协同优化方案产生巨大影响。

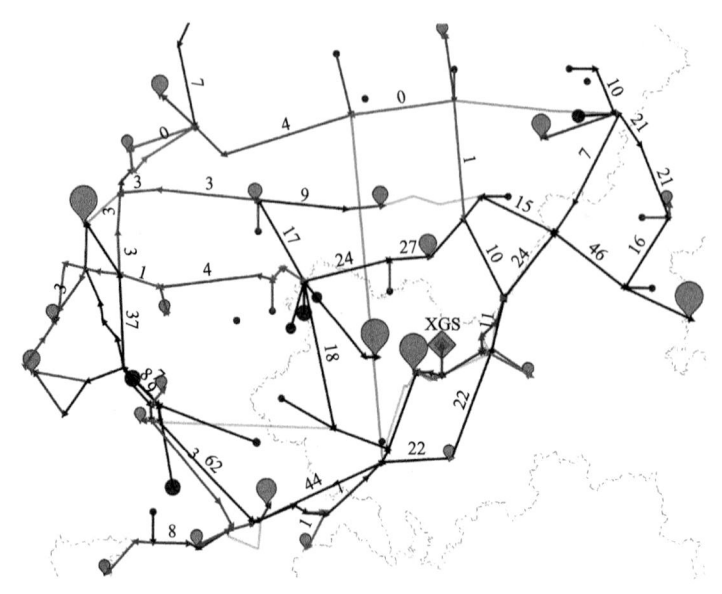

图 5-19　增加 ZGX 外输气需求后 2025 年的产运储销模拟方案

三、外输气参数的影响

天然气门站价格受到政府定价的影响，如果外输气价格发生变化，预计将对生产供应格局产生影响。除此之外，惩罚系数（代表保供优先等级或程度）也会影响保供格局。

受云贵等省份经济发展现状约束，这部分下游市场对降低门站价格还有期许，如果政府部门对价格进一步收紧，在这样的条件下，会产生怎样的产运储销方案呢？

降低中贵天然气外输气价格——降低后的门站价减去 ZGX 管输价格。同时根据权责相适应的基本规律，将降低这部分外输气的保供等级——适当降低惩罚系数，计算结果如图 5-20 所示。可以看出，虽然最终方案不会使得向 ZGX 的外输气低于需求满足率下限，但是由于盈利降低，在用气高峰期，将更多满足川渝内部需求或者 ZWX 外输气需求。该结果说明，外输气价格对产运储销协同优化方案有显著影响。并且，该结果还启示了这样一个道理，要求的权利（优先保供权利）与付出成本（门站价格）在经济和社会福利综合绩效的体系下仍然是相适应的。

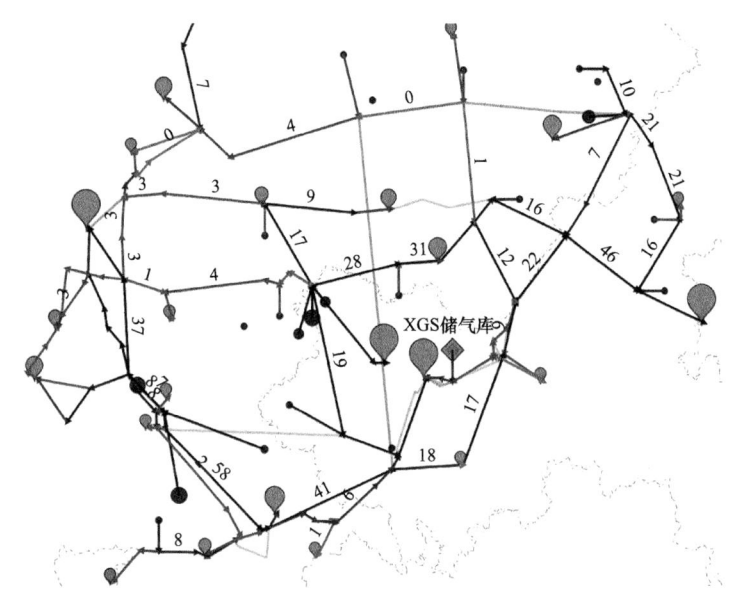

图 5-20　调整 ZGX 外输气价格和短缺惩罚系数后
2025 年的产运储销模拟方案

四、管输成本等参数的影响

（一）管输运营成本

管输运营成本是直接输气成本，是管输费减去利润和固定成本折旧后的部分，包括材料费、燃料动力费、修理费、职工薪酬、输气损耗，以及其他相关费用。管输运营成本受到上述多方面成本的影响，极有可能产生一定幅度的变动。

模型在权衡经济效益和社会福利（对企业而言是社会责任）后，在高峰期供不应求（出于产能和管网输配能力共同限制）的情况下，优先满足各需求点的最低满足率，而后主要从经济效益考量，安排销售和管网输配。

管输运营成本主要同天然气周转量有关。随着运营成本提高，如果销售价格不变，可以预判，远距离输送带来的经济利益将会减少，整个产运储销格局又会发生变化。

（二）销售价格上浮

2018年5月25日，居民用气价格改革通知正式发布，这意味着在门站环节，居民用气和非居民用气的价格体系将彻底打通，不再有区别。《国家发展改革委关于理顺居民用气门站价格的通知》指出，为进一步深化资源性产品价格改革，促进天然气产供储销体系建设和行业持续健康发展，决定理顺居民用气门站价格、完善价格机制。

通知将居民用气由最高门站价格管理改为基准门站价格管理，价格水平按非居民用气基准门站价格水平（增值税税率10%）安排。供需双方可以基准门站价格为基础，在上浮20%、下浮不限的范围内协商确定具体门站价格，实现与非居民用气价格机制衔接。

方案自2018年6月10日开始实施，实施时门站价格暂不上浮，实施一年后允许上浮。此次最大调整幅度原则上不超过350元/千立方米，剩余价差一年后适时理顺。

改革将非居民用气由目前实行最高门站价格管理改为基准门站价格管理。降低后的门站价格作为基准门站价格，供需双方可以基准门站价格为基础，在下浮不限、上浮20%的范围内协商确定具体门站价格。

这意味着进一步放松价格管制，增加价格弹性，留给供需双方更多自主协商价格的空间，进而有利于激发市场活力，促进公平竞争。同时，欧美国家冬夏天然气峰谷价通常相差50%以上，而我国天然气行业尚未实现市场化定价，调峰价格并未明显区分，经济价值不能完全体现。

用气高峰视各需求点具体情况，上浮"批发价"，能够反映出天然气产运储销结构和天然气真实市场价值。门站价格的变动必然引起经济效益和社会福利综合绩效体系评价机制的变动，最终影响天然气产业链协同优化方案。

（三）储气库注采气成本

每当进入冬春用气高峰期，我国天然气的供应量和价格都会受到各方关注。然而2017年刚进入9月，全球多地液化天然气（LNG）价格就开始暴涨。12月LNG挂牌价飙升至9400元/吨（折合天然气价格6.7元/立方米），同比上涨一倍。这让更多人意识到，在加入LNG资源统筹力度的同时，储气库的作用不可或缺。

作为天然气产业链中的重要一环，储气库不可替代，也无法替代。储气库建设一定程度上是政治工程、民生工程和保障工程。

对上中下游而言，储气库意义重大。首先，在夏季无法停产、压产的情况下，储气库可以缓解气田生产压力。其次，在天然气输入储气库的过程中，可提高管道负荷率，提升管道整体经营效益。再次，将夏天"囤积"的天然气放入储气库，对销售企业具有解压作用。

储气库是欧美国家的主要调峰方式。截至2017年底，全球共有715座地下储气库，其中66%的地下储气库工作气量分布在欧美国家。美国储气库工作气量占全年消费量的17%，欧盟为25%，而我国已建成的25座储气库占比仅为3.3%，仍处于初级阶段。2017年我国天然气对外依存度高达38.8%。根据国外经验，当天然气对外依存度为40%时，储气库工作气量应占比20%。2017年9月，国家发改委、国家能源局《关于进一步落实天然气储气调峰责任的通知》明确规定：天然气销售企业到2020年应拥有不低于天然气年合同销售量10%的储气能力。

然而，储气库建设投资大，建设周期长。以A公司将在川渝地区新建的8座储气库为例，400亿立方米的储备能力需投资超过500亿元。从体制机制来看，我国储气库投资、建设和运营主体并未实现归口统一，难以发挥整体优势。

调峰气价改革方案的落地是实现储气价值的途径，有助于破解国内储气库困局。从运营的基本情况来看，我国储气调峰费用0.6~1元/立方米，与常规天然气价格相差不多。

从产运储销协同优化角度而言，储气库调峰费包含了固定投资折旧、运营成本和适当利润，其中，注采气运营成本才是变动成本，最终影响产运储销协同优化方案。这样做的主要原因在于：

（1）调峰费用（0.52元/立方米）不能转嫁到下游价格，除了增加天然气保供的社会福利，储气库调峰变得无利可图；

（2）事实上，如果将储气库作为产运储销整体中的一个环节，不使用或少使用储气库，其建设成本只能成为沉没成本却未产生价值；

（3）如果将储气库调峰利润计入模型，不能反映下游对价格的敏感程度。

因此，在冬季调峰气价市场化实现以前，将储气库运营成本计入产运储销一体化的成本结构最为合理。

不难理解，储气库注采气成本将与生产成本、管输成本、销售价格和社会福利共同决定调峰方案，并将显著影响最终的产运储销协同优化方案。

（四）能量计价

在国内天然气贸易计量中，不论是气态形式还是液态形式，一般都是用体积或重量来计量；而国际贸易中天然气能量计量与计价是最流行天然气贸易和消费的计量和结算方式，能量计量才能科学合理地反映能源的价值。

我国多气源、多类型和多路径联网的多元化供气格局已经形成。不同来源的天然气单位体积发热量差别较大，混合进入管网输送与销售，势必影响管道气的技术指标，也会使供需双方因气质特别是发热量等关键参数波动过大引起交接和结算上的争议。

随着管道联网和各种气源进入管道混合销售，实行天然气能量计量和计价改革迫在眉睫。作为全面创新改革试点地区，四川先行先试能量计价为天然气改革提供示范，这也为川渝地区区域交易中心的建立奠定坚实的基础。川渝地区天然气计量技术在全国处于领先地位，实行天然气能量计量已不存在技术障碍。

能量计价意味着，同样体积的天然气周转量并不意味着相同计量的能量周转。也就是说，不同生产气源相同体积的天然气热值含量可能并不相同，管道输送不同来源的相同体积的天然气，输送的热值也可能不同。这意味着产运储销协同优化方案存在潜在的变动方案。

第六章　结论与建议

天然气产、运、销在管网物理属性和时间上具有高度一致性，需求波动的绝对值随天然气市场的大幅扩张而增长，调峰储备需求也日益增长。为了提升产业链价值，实现产销平衡、经济效益，并承担企业社会责任、积极保障天然气供应，产运储销协同优化研究势在必行。

天然气产、运、销等环节紧密衔接，调峰储备则解决了周期性的产销不匹配问题。鉴于自然属性上的一体化，加上受到气源供气能力、管道输气能力、储气库注采气能力、用户用气量波动等因素的限制和影响，如何安排产能、管网投资以及分配天然气流量，将天然气合理地输配给用户，产生最大的经济和社会效益，是天然气产业链协同优化研究的根本目的，也符合基于经济效益和社会福利综合绩效体系的天然气上中下游的共同利益。

本书根据川渝地区天然气供需状况2018—2025年预测数据和天然气干线管网数据进行计算，以期提供基于产运储销协同优化的管网投资、气源生产、管网运输、储气库储备和门站销售的建议方案。

第一节 结 论

一、管网投资方案

天然气管网投资方案选择了局部的复线管网建设方案（图 6-1 中黑色断续线部分），反映的是随着川中下古生界—震旦系产量的大幅上升，以及东向输送至"川气东送"项目的天然气数量激增，东向输送管道的运输能力不足；随着蜀南页岩气产量的不断增长，其向成渝两地保供天然气量大幅上升，所经管网输送能力需要进一步提升。

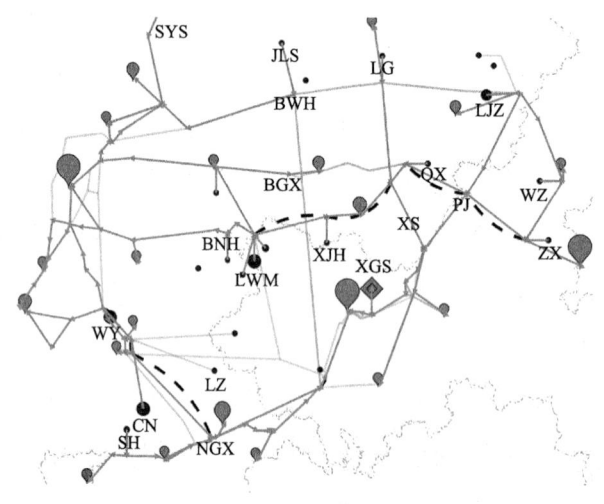

图 6-1 天然气管网投资模拟方案

值得注意的是，复线投资方案主要反映了天然气管网的瓶颈，实际建设方案还可以进一步讨论。例如，以天然气东输为目的其他管网建设方案也可以经过评估各项参数纳入

第六章 结论与建议

备选方案，重新进行计算；蜀南页岩气也可以通过管网运输能力建设向东输送，或进入 ZGX 外输气，或进入川气东送项目。

第五章第三节也探讨了规划中预研管网投资建设方案，此处不再赘述。

二、生产模拟方案

天然气生产模拟方案计算结果见表 6-1，这是在将规划产能数据作为气田产能并最终平均分配到各个月份产能上限的情况下获得的结果。当然，如果有气田调峰能力（产能上下调节范围）的相关数据，能够使结果更接近规划产量。

表 6-1　天然气生产模拟方案　　单位：亿立方米

气源	2018年	2019年	2020年	2021年	2022年	2023年	2024年	2025年
老气区									
LQT	46	40	38	37	34.9	35	35	35
LG 地区	6	6	6	5	5	5	4.5	3.5
XJH	3	4.65	6	6	5	5	3.5	3
SYS	1.05	3.3	5	7	7.3	7.3	7.3	7.3
JLS	0.52	3	5	5	5	5	5	3.5
下古生界—震旦系									
MXLWM	72.591	71.863	77.644	79.289	78.675	90	90	90
GS1 井	2.721	3.4	8.379	20	20	14.699	16.179	15.627
MX 二期	1.995	3.85	13.99	3.08	4.419	20	20	20

续表

气源	2018年	2019年	2020年	2021年	2022年	2023年	2024年	2025年
CDBGHL								
LJZ	29	30	30	30	30	30	30	30
TSP	0	0	0	0	0	0	0	10
蜀南页岩气								
CN	20	38.046	55	56	70.785	59.234	68.635	59.988
WY	22	38.604	55	54.5	66.475	74.044	73.841	72.579
LZ	0	0	0	6	17.03	27.5	16.39	26.124
YX	0	0	0	4	8.157	5	7.116	7.5

由于中国长期缺乏建设储气库的合适构造，调峰往往需要同时考虑采取地下储气库调峰和气田调峰、LNG调峰、管网调峰、可中断用户调峰等多种方式，统筹满足常规调峰、应急和战略储备需求。在本书中主要考虑储气库调峰和气田调峰，因此更完善和精准的气田调峰数据对方案质量有着重要影响。

三、销售模拟方案

天然气销售模拟方案计算结果见表6-12。除了以行政区域和内销外销划分的销售方案外，在有详细需求数据和对应管网数据的条件下，模型还可以分析更加具体的销售方案，例如对每个直供用户的在全年用气峰谷各个时段的具体销售方案。

表 6-2　天然气销售模拟方案　　　　单位：亿立方米

需求点	2018年	2019年	2020年	2021年	2022年	2023年	2024年	2025年
成都市	46	48.2	53.3	54.4	55.3	56.4	57.5	58.6
宜宾市	5.4	5.9	6.1	6.3	6.4	6.6	6.9	7
乐山市	9.3	9.5	9.7	9.8	10.1	10.3	10.5	10.7
眉山市	6.3	6	6.2	6.4	6.7	6.9	7.2	7.5
遂宁市	6.1	6	6.5	6.8	6.9	7.2	7.4	7.7
内江市	4.2	4.4	4.5	4.6	4.8	4.9	5.1	5.3
南充市	7.4	7.5	7.9	8.2	8.4	8.6	8.8	9.1
广安市	8.3	8.7	9.2	9.5	9.9	10.3	10.6	11
绵阳市	7.9	8.2	8.7	8.9	9.2	9.5	9.8	10.1
巴中市	2	2.2	2.5	2.5	2.6	2.7	2.7	2.8
德阳市	4.6	4.6	4.7	4.9	5.1	5.3	5.5	5.8
达州市	5.5	6.5	7	7.8	8.6	9.6	10.6	11.7
自贡市	5	5.1	5.3	5.5	5.7	5.8	6	6.2
资阳市	2.3	2.4	2.6	2.7	2.7	2.8	2.8	2.9
泸州市	14.3	12.9	13.1	13.2	13.3	13.4	13.5	13.6
重庆市	52.5	52.8	55.1	56.7	58.3	60.1	61.8	63.6
涪陵区	7.6	7.7	7.4	7.6	7.7	7.8	8	8.2
万县区	5.1	5.6	6.3	6.6	6.8	6.4	7.3	7.4
渝东南	0.1	0.1	0.2	0.2	0.2	0.2	0.2	0.2
云南省	3.7	3.1	3.4	3.4	3.4	3.5	3.5	3.6
贵州省	0.2	0.3	0.4	0.5	0.5	0.6	0.7	0.8
外输气	0	36.5	71.9	77.2	121.8	141.2	136.3	138.1

四、储气库调峰模拟方案

在不考虑"全国一张网"的大环境下,川渝天然气储备在用气高峰对外部(尤其是北方地区)的保障供应需求的条件下,仅针对川渝内部产销结构和局部外销天然气保障供应,随着产销规模快速增长和产销结构的变化,川渝地区对储气库调峰的需求就表现得越来越大(表6-3),这还是在考虑了气田调峰能力数据存在较大冗余的条件下。

表6-3　XGS储气库调峰模拟方案　　　　单位:亿立方米

年份	2018	2019	2020	2021	2022	2023	2024	2025
调峰采气量	0.4	1.7	0.6	0.8	2.7	6.7	10.1	10.5

随着川渝调峰储气库越来越受到重视,大规模的建设方案已经提上研究日程,贵州等地出于自然条件的限制也将严重依赖于川渝地区的储气库储备能力。未来,在川渝天然气产业链协同优化过程中,多个储气库在用气需求低谷向储气库注气,在用气高峰采气供应市场,这样的操作将贯穿全年,对产运储销决策尤其是管网输配方案产生根本性影响。

此外,随着储气库规模的不断扩大,管道日益网络化,对气源调峰能力的要求也将逐渐降低,对可中断用户调峰的要求也会越来越低(即客户需求满足率下限可以逐渐调高,甚至不再出现短缺情况)。

五、管输方案及其可视化

由于对 2020 年以后外销天然气结构（输往我国东部地区，或是云贵等南方地区，抑或通过 ZGX 向北方供应）仍有待探讨，这里主要给出 2018—2020 年的管输方案。

以上产运储销各环节的优化方案都是汇总数据。实际上，模型计算的方案要具体得多，这可以通过可视化网页进行观察研究。下面对其进行简要介绍。

可视化程序在 ASP.NET 框架，利用成熟开源可视化方案 Echarts 开发完成，主要用到 C#、JavaScript 等语言。在算法程序计算完成后，将其生成的 result.txt 文件复制到网站发布目录下的 data 文件夹内。之后就可以浏览该网页和查看具体数据了，如图 6-2 所示。

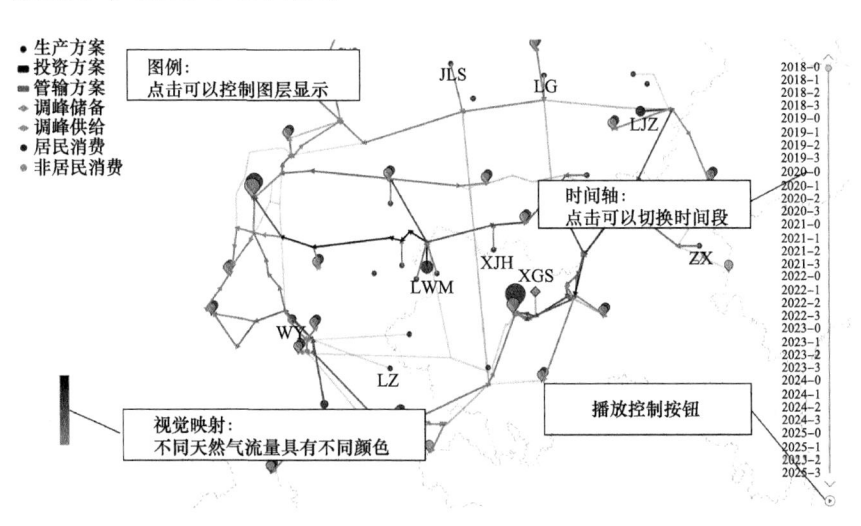

图 6-2 可视化网页界面说明

网页中内容和控件主要包括可缩放的地图坐标系、天然气产运储销可视化内容、图例、视觉影视控件、时间轴控件。其中，天然气产运储销方案设置了动态效果，天然气流会沿管道路径向流动方向前进；天然气流量越大，其颜色随视觉映射控件色带从下往上逐渐变化；生产点和需求点根据其数据大小具有不同形状大小。

时间轴控件可以自动播放（每隔大约10秒切换至下一时段方案），也可以暂停、手动切换。图6-3显示了2018年和2020年同一时间段的产运储销方案，可以看出其存在明显区别。

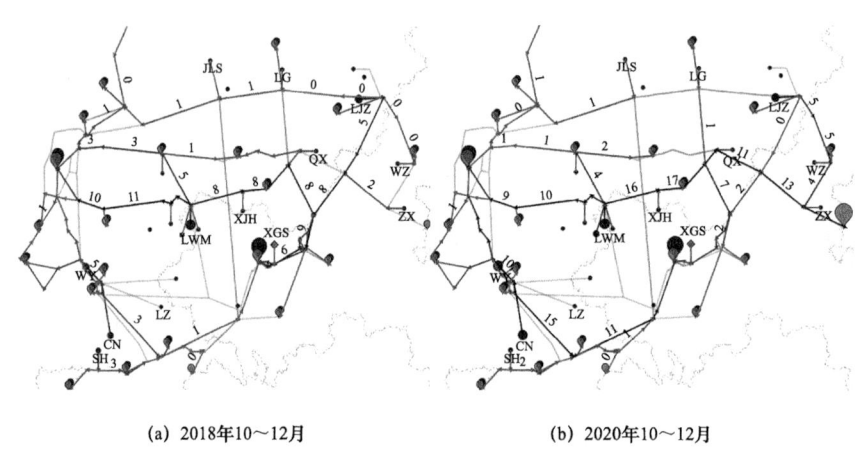

(a) 2018年10~12月　　　　(b) 2020年10~12月

图6-3　不同时段的优化方案对比

在核心内容部分悬停鼠标，可以查看图形对应的数据。图6-4至图6-7分别示例了悬停鼠标在对应图形上查看生产、销售、管输、储气库调峰数据。

第六章 结论与建议

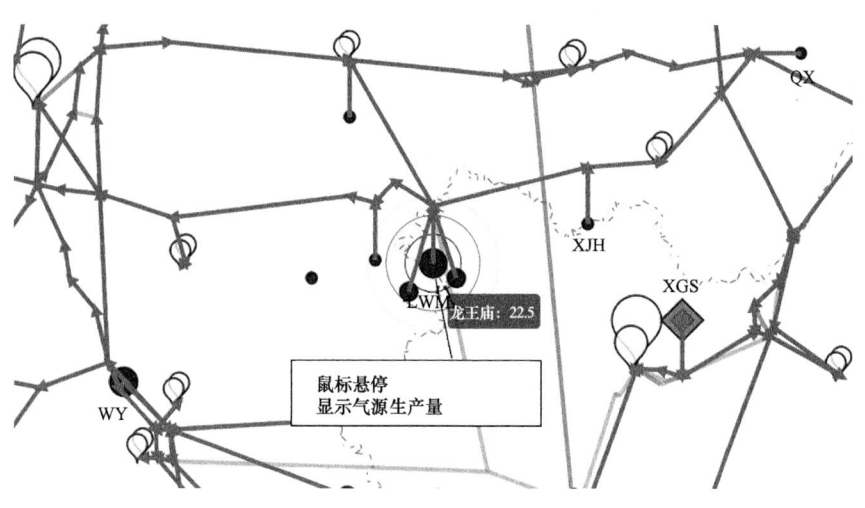

图 6-4 查看生产方案数据

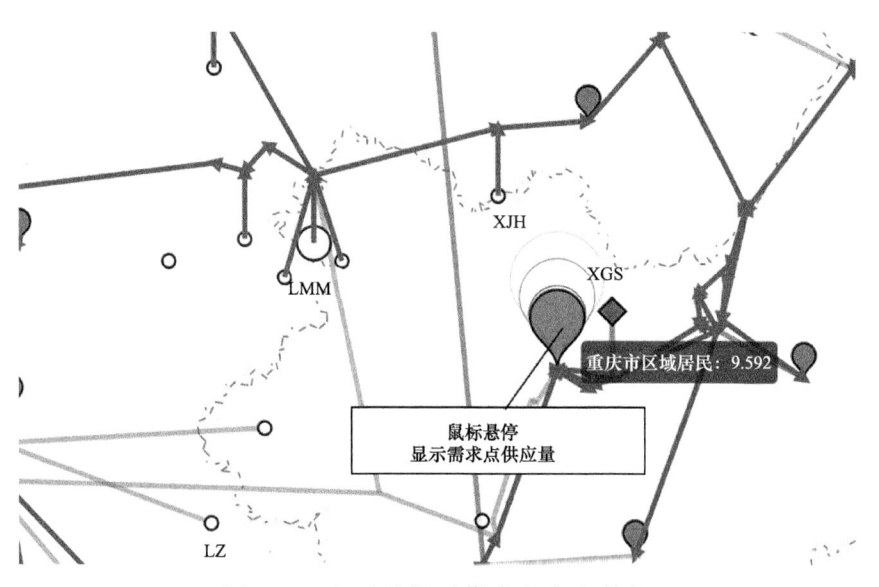

图 6-5 查看销售（供应）方案数据

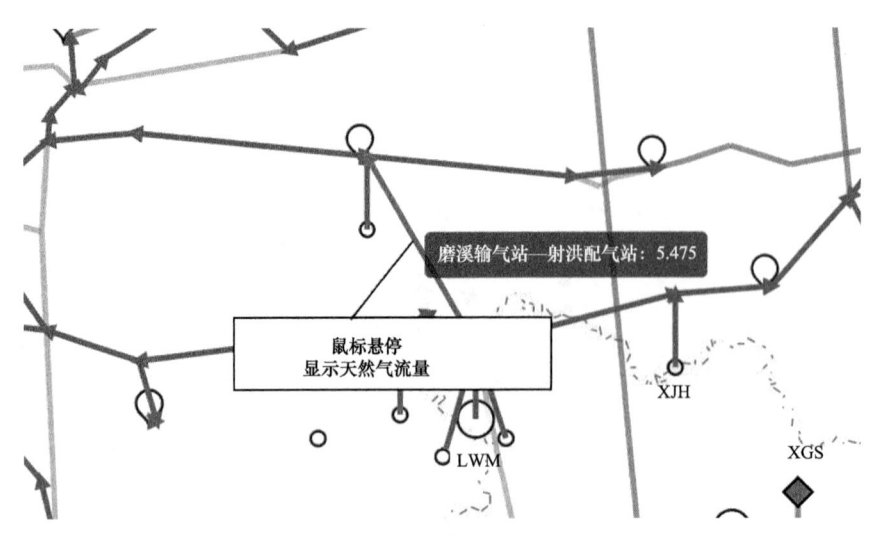

图 6-6　查看输配方案数据

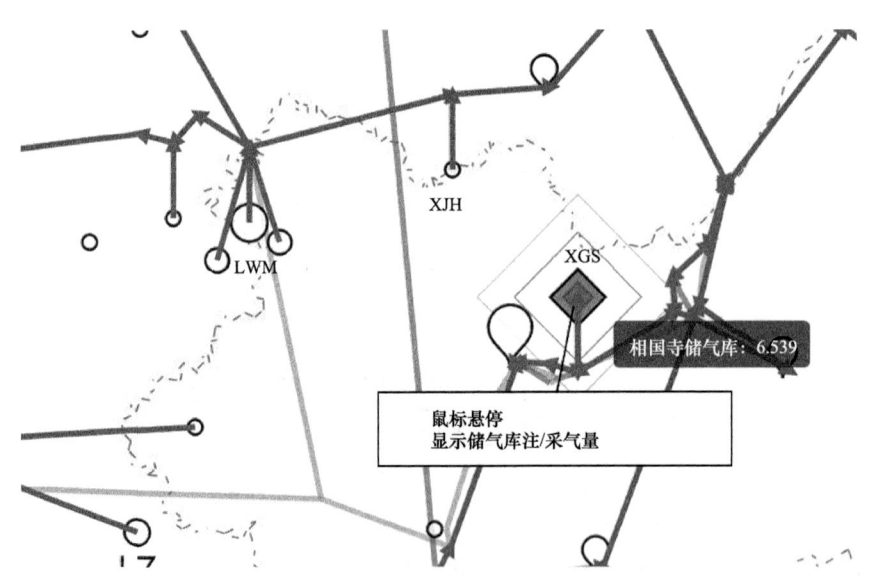

图 6-7　查看储气库调峰方案数据

第二节 建 议

一、经济效益与社会福利综合绩效评价体系适应国情

国家发改委和国家能源局在关于做好天然气迎峰度冬工作的通知中指出，各地要认真贯彻党中央和国务院有关文件精神，切实落实"保民生、保公用、保重点"要求，摸清市场需求及用气结构，提早做好供需衔接，明确保供次序，及时协调解决影响平稳供气的矛盾和问题。最大程度用好储气库资源。要在入冬前尽量增加储气库注气量。采暖季期间，要统筹调度，合理安排各储气库不同时段的采出气量，确保用气高峰期达到最大采气能力，最大限度发挥储气库的应急保障作用。

综上所述，经济效益与社会福利综合绩效评价体系适应于我国国情，在需求高峰期实现"压非保民"并最大限度供应各类需求点，具有重要的现实指导意义。

二、优先获得保供的权利应当与支付价格相适应

欧美国家冬夏天然气峰谷价通常相差 50% 以上，而我国天然气行业尚未实现市场化定价，调峰价格并未明显区分，经济价值不能完全体现。

《国家发展改革委关于理顺居民用气门站价格的通知》指出，为进一步深化资源性产品价格改革，促进天然气产供储销体系建设和行业持续健康发展，决定理顺居民用气门站价

格、完善价格机制。通知将居民用气由最高门站价格管理改为基准门站价格管理，价格水平按非居民用气基准门站价格水平（增值税税率10%）安排。供需双方可以基准门站价格为基础，在上浮20%、下浮不限的范围内协商确定具体门站价格，实现与非居民用气价格机制衔接。

川渝地区政府相关部门积极推动建立合理的价格机制，深入研究和推动天然气能量计价、区域管网独立运行下的天然气管输价格机制、管道和储气库单独收费、阶梯气价改革、天然气调峰价格、天然气工业气价与民用气价并轨等，推动川渝地区天然气价格机制持续完善。四川省能源主管部门已经完成了在四川地区建立天然气现货交易市场的相关问题研究，并取得了显著进展。川渝地区区域交易中心与上海全国天然气交易市场遥相呼应，互为补充和参照，可彰显川渝地区天然气市场在全国的地位和重要性。这有利于形成西南地区天然气基准价格和加快建立区域天然气市场体系。

在此基础上，如何根据产运储销协同优化系统的实际保供负担反映？到各地的门站价格上浮（或储气库单独收费及其他储气库成本转嫁方式），实现获得保供权利与支付价格相适应的目标，将是价格市场化与天然气产业链协同优化的重大命题。

三、产销结构变化引发外输气结构决策优化的需求

尽管环境保护和城镇化建设促进了天然气的利用需求，但在新形势下，川渝地区天然气市场需求量总体增速仍较低，

天然气消费结构变动呈现出新的态势，天然气发电和天然气分布式能源成为未来天然气消费量的主要增长点。根据《四川省新型城镇化规划（2014—2020）》《重庆"十三五"新型城镇化规划》，川渝地区城镇化进程使城市燃气行业用气量或将以 2.5% 的速度刚性增长，但冶金、陶瓷、玻璃等行业用气量需求减缓，天然气市场需求量增速总体放缓。

近年来，川渝地区天然气供应能力大幅提升，中国石油 AY 气田（LWM 组气藏）、CDBGHL 气田等主力气田大幅上产，中国石化也在川渝地区积极推进"双百亿"气田建设。根据中国石油和中国石化的天然气生产规划，到 2020 年川渝地区天然气产量将达到 600 亿立方米，预计供应富余量达到 200 亿立方米，供大于求的格局将在"十三五"期间继续保持，在进一步做大本地市场的基础上，川气外销也将成为新常态。

2020 年前，中国石油将有不少川渝产地的天然气计划通过 ZWX 向东部地区供应。2025 年时，外销天然气已经达到了较大规模，这将带来一个重要的决策优化内容，即外输气结构决策优化——分别有多少天然气输向各个外销市场。这将是集天然气产业链协同优化和外销天然气市场营销、定价博弈、竞合等内容为一体的全产业链综合决策优化问题。

四、外输气配套管网建设的稳步推进

一方面，由于产销结构的动态变化，应当加快完善川渝地区区域内部管网建设，按照产运储销协同优化发展原则，综合考虑资源、市场分布，在规划的"五横、三纵、三环"

及"一库"（甚至"多库"）管网骨架的基础上，优化和适应产销结构的变化，促进管网设施建设资源优化配置，形成以骨干通道、储气库集群为调节中枢、区域支线管网为市场抓手的四通八达、调配灵活的蛛网式管网格局，满足市场开发、气量调配、应急保障和管网公平开放需求。同时，内部管网建设还要重视和加强天然气调峰的效益和效能问题，真正从管网构架基础方面实现产运储销协同优化。

随着外销天然气规模的增长和外销结构的动态变化，在合理的外输气结构和规模的规划基础上，积极推动建设外输天然气配套管网设施。尤其是在2020年后，川中下古生界—震旦系和蜀南页岩气的产量几乎每年都会上升到一个新台阶，域内天然气销售增长速度又有限，新增产量几乎都将销往川渝以外地区。外输天然气需要综合考量国家干线管网整体构架的基础，利用如"川气东送"项目或ZGX积极建设内部和外部配套管网，增强向外供应的高效性、便利性和经济性，实现整体产业链的产运储销协同优化。

除此之外，还可以进一步思考内部管网如何高效利用。例如，随着川渝气源结构变化，导致一方面不需要从ZGX下载向成都和川西保供的天然气，另一方面川西北供应量有限，主要依靠川中和蜀南向西部供应天然气，因此BWH运输能力可能闲置。建议是否可以在全国一张网的大格局下，考虑ZGX和川渝内部气源置换等可能的模式，例如，蜀南页岩气直接向南方省市供应，而成都和川西地区部分保供任务由ZGX从南部下载节点保供，二者等量置换。

参 考 文 献

[1] 艾慕阳,蒋毅,宋飞,陈国群,郑建国.大型天然气管网运行方案多目标决策优化[J].油气储运,2011(10):739-742,714.

[2] 艾慕阳,柳建军,李博,等.天然气管网稳态运行优化技术现状与展望[J].油气储运,2015,34(06):571-575.

[3] 马新华.天然气产业一体化发展模式[M].北京:石油工业出版社,2019.

[4] 白兰君.全面协调,快速发展——论天然气产业链协调发展[J].石油工业技术监督,2005(05):10-12.

[5] 丁国生.中国地下储气库的需求与挑战[J].天然气工业,2011(12):90-93,131.

[6] 华贲.中国的天然气产业政策[J].能源政策研究,2009(1):40-45.

[7] 何润民,许鹏,王毓伟.天然气产业链经济利益协调机制研究[J].天然气技术,2009,3(2):1-3.

[8] 姜子昂.天然气产业集约化发展模式研究——以川渝地区为例[A].中国软科学研究会.第九届中国软科学学术年会论文集(上册)[C].中国软科学研究会,2013:6.

[9] 姜子昂,邹晓琴,段言志,等.川渝地区城市燃气用气量定量预测模型研究[J].城市燃气,2011(06):4-10.

[10] 姜子昂,任妹艳,任丽梅,等.气田开发后期生产组织方式转变机制与途径——以川渝气区为例[J].天然气工业,2014(05):174-178.

[11] 姜子昂,王富平,段言志,等.新形势下中国天然气市场发展态势与应对策略——以川渝气区为例[J].天然气工业,2016(04):1-7.

[12] 刘建辉.天然气储运关键技术研究及技术经济分析［D］.华南理工大学，2012.

[13] 刘毅军.产业链视角下的"气荒"解读［J］.天然气工业，2010（1）：119-122.

[14] 刘毅军，程鹏飞，刘虹.天然气产业链下游市场的风险因素分析［J］.国际石油经济，2004，11（11）：35-38.

[15] 刘毅军，姜海超.开发利用天然气要重视产业链风险［J］.天然气工业，2003（11）：150-154.

[16] 刘毅军，吴娟，钱铮.天然气产业链风险量化描述探讨［J］.工业技术经济，2007（3）：99-102.

[17] 李志刚，张吉军，苟建林.基于大系统控制论的天然气开发企业产运销系统控制模式研究［J］.科技管理研究，2011，31（22）：121-123，128.

[18] 李志刚，张吉军，苟建林.天然气开发企业产运销一体化协调发展评价模型研究［J］.科技管理研究，2012，32（21）：42-46，50.

[19] 李志刚，张吉军，苟建林.天然气开发企业产运销一体化协调发展评价指标体系设计［J］.生态经济，2012（01）：113-116.

[20] 卢全莹，柴建，朱青，等.天然气消费需求分析及预测［J］.中国管理科学，2015，S1：823-829.

[21] 唐宗文，刘巍.实现川渝地区天然气产运销协调管理的主要措施［J］.天然气工业，2009，29（03）：110-113，145-146.

[22] 王振鹏.基于企业效率的天然气产业链升级研究［D］.成都：成都理工大学，2014.

[23] 徐衍鲁，马燕，李顺宝，等.不同优化算法在天然气管网系统中的应用［J］.计算机应用，2014，34（S1）：148-150，198.

[24] 徐婧.全球天然气市场供应面流动性研究［J］.中国外资，2013（04）：248-250.

[25] 杨毅. 天然气管道运行优化模型及其寻优方法研究 [D]. 成都: 西南石油大学, 2006.

[26] 张伟. 天然气产业链的协调发展及升级研究 [D]. 北京: 中国地质大学（北京）, 2013.

[27] 赵耀. 国外天然气产业链现状及分析 [J]. 现代经济信息, 2019 (01): 345.

[28] 赵延芳, 刘定智, 赵俊. 天然气产运销优化模型的设计与实践 [J]. 油气储运, 2016, 35 (12): 1319-1324.

[29] 周怡沛, 周志斌. 联网条件下中国天然气供应安全重大问题思考——以川渝地区供应安全体系建设为例 [J]. 天然气工业, 2010, 04: 10-15, 137-138.

[30] 周志斌. 天然气要素成本控制模式探讨 [J]. 天然气工业, 2003 (06): 146-149, 188.

[31] 周志斌, 周怡沛. 中国天然气产业链协调发展的基础、前景与策略 [J]. 天然气工业, 2009 (02): 1-5, 129.

[32] 周志斌. 川渝地区天然气供应安全保障系统研究与应用 [M]. 北京: 石油工业出版社, 2010.

[33] 周志斌. 中国天然气战略储备研究 [M]. 北京: 科学出版社, 2014, 12.

[34] Al-Harthy M H. Utility efficient frontier: an application in the oil and gas industry [J]. Natural Resources Research, 2007, 16 (4): 305-312.

[35] Ana P H M S, Jannuzzi G D M, Bajay S V. Developing competition while building up the infrastructure of the Brazilian gas industry [J]. Energy Policy, 2009, 37 (1): 308-317.

[36] Andre, J., Bonnans, F., & Cornibert, L. 2009. Optimization of capacity expansion planning for gas transportation networks. European

Journal of Operational Research, 197（3）, 1019-1027.

[37] Afshar A, Haghani A. 2012. Modeling integrated supply chain logistics in real-time large-scale disaster relief operations [J]. SocioEconomic Planning Sciences 46（4）: 327-338.

[38] Biggar D R. Promoting Competition in the Natural Gas Industry [J]. Org. for Econ. Co-operation & Dev., Best Practice Roundtables in Competition Policy, 2000（30）.

[39] Cavaliere A. Competition in Natural Gas Industry: European Liberalisation Issues and Regulatory Reform in Italy [C] //Milan European Economy Seminar, Università degli studi di Milano. 2003.

[40] Chebouba, A., Yalaoui, F., Smati, A., Amodeo, L., Younsi, K., & Tairi, A. 2009. Optimization of natural gas pipeline transportation using ant colony optimization. Computers & Operations Research, 36（6）, 1916-1923.

[41] Cremer H, Laffont J J. Competition in gas markets [J]. European Economic Review, 2002, 46（4-5）: 928-935.

[42] Gabriele A. Policy alternatives in reforming energy utilities in developing countries [J]. Energy Policy, 2004, 32（11）: 1319-1337.

[43] Geoffrion, A. M. 1972. Generalized benders decomposition. Journal of optimization theory and applications, 10（4）, 237-260.

[44] Grønhaug R, Christiansen M. Supply chain optimization for the liquefied natural gas business [M] //Innovations in distribution logistics. Springer, Berlin, Heidelberg, 2009: 195-218.

[45] IBM Corp. 2012. IBM SPSS Modeler 15 Algorithms Guide. Retrieved May, 2015, from http: //www.ibm.com/support.

[46] Jo Y D, Ahn B J. A method of quantitative risk assessment for

transmission pipeline carrying natural gas [J]. Journal of hazardous materials, 2005, 123 (1-3): 1-12.

[47] Lavasani S M M, Yang Z, Finlay J, et al. Fuzzy risk assessment of oil and gas offshore wells [J]. Process Safety and Environmental Protection, 2011, 89 (5): 277-294.

[48] Martin, A., Möller, M., & Moritz, S. 2006. Mixed integer models for the stationary case of gas network optimization. Mathematical programming, 105 (2-3), 563-582.

[49] Mathias M C, Szklo A. Lessons learned from Brazilian natural gas industry reform [J]. Energy Policy, 2007, 35 (12): 6478-6490.

[50] Murry D, Zhu Z. Asymmetric price responses, market integration and market power: A study of the US natural gas market [J]. Energy Economics, 2008, 30 (3): 748-765.

[51] Rath S, Gutjahr W J. A math-heuristic for the warehouse location-routing problem in disaster relief [J]. Computers & Operations Research, http://dx.doi.org/10.1016/j.cor.2011.07.016.

[52] Ríos-Mercado, R. Z., & Borraz-Sánchez, C. (2015). Optimization problems in natural gas transportation systems: A state-of-the-art review. Applied Energy, 147, 536-555.

[53] Riquelme-Rodriguez, JP., Gamache, M., Langevin, A. 2016. Location arc routing problem with inventory constraints. Computers & Operations Research 76: 84-94.

[54] Roisenberg M, Schoeninger C, da Silva R R. A hybrid fuzzy-probabilistic system for risk analysis in petroleum exploration prospects [J]. Expert Systems with Applications, 2009, 36 (3): 6282-6294.

[55] Shahriar A, Sadiq R, Tesfamariam S. Risk analysis for oil & gas

pipelines: A sustainability assessment approach using fuzzy based bow-tie analysis [J]. Journal of loss prevention in the process Industries, 2012, 25 (3): 505-523.

[56] Von Hirschhausen C, Neumann A. Long-term contracts and asset specificity revisited: An empirical analysis of producer-importer relations in the natural gas industry [J]. Review of Industrial Organization, 2008, 32 (2): 131-143.

[57] Weijermars R. Value chain analysis of the natural gas industry: Lessons from the US regulatory success and opportunities for Europe [J]. Journal of Natural Gas Science and Engineering, 2010, 2(2-3): 86-104.